비범한 평범

비범한 평범

THE
EXTRAORDINARY
ORDINARY

매거진〈B〉 조수용의
브랜드 이야기

내 평범한 하루를

특별하게 만들어준 이들에게

To those who made my ordinary days extraordinary

들어가는 말

Prologue

"어떤 기준으로 브랜드를 선정하나요?"

매거진〈B〉를 시작한 이래 가장 많이 받은 질문입니다. 이 질문은 단순히 기준을 묻는 것이 아니라, 사실상 "좋은 브랜드란 무엇인가?" 혹은 "브랜드를 볼 때 무엇을 주목해야 하는가?"라는 근본적 궁금증이 담겨 있습니다.

저는 늘 꼭짓점이 4개인 사면체를 예로 들어 설명했습니다. 그건 실용성, 아름다움, 가격, 그리고 철학입니다. 실용적이고, 아름답고, 가격이 합리적이기까지 하다면 이미 시장에서 경쟁력을 갖춘 것입니다. 그러나 브랜드의 생각과 의식인 '철학'이 더해져야 비로소 브랜드가 됩니다. 사람들이 그 철학에 공감하면, 설령 실용성이 조금 떨어지거나 아름답지 않거나 심지어 가격이 비싸도 그 브랜드를 사랑하게 됩니다. 결국 브랜드를 볼 때 주목할 것은 '시대를 읽는 생각과 철학이 있는가'이며, 그 철학은 브랜드를 만들어가는 사람에게서 나옵니다.

브랜드는 로고나 상품을 넘어서는 개념입니다. 그것은 사람들이 공유하는 하나의 상징이며 이야기이고, 특정한 삶의 태도입니다. 애플Apple은 창조와 자유를, 파타고니아Patagonia는 환경과 사회적 책임을, 츠타야Tsutaya는 도시 속 제3의 공간을 제안합니다. 결국 브랜드를 살펴본다는 것은 사람들이 무엇을 원하고, 어떤 방식으로 살아가고 싶은지를 읽어내는 일입니다.

스티브 잡스Steve Jobs는 "애플은 인문학과 기술의 교차점에 있다"고 말했습니다. 기술은 인간을 바라보는 관점이 담길 때 비로소 의미를 가집니다. 브랜드도 마찬가지입니다. 제품의 성능이나 마케팅 기술을 넘어 인간과 삶을 어떻게 보고 해석하는지가 브랜드의 미래를 결정합니다.

저는 《일의 감각》이란 책을 출간하며 가진 한 인터뷰에서 "아이디어는 가치가 없다"고 이야기했습니다. 성공한 순간에는 늘 쉽게 드러나는 아이디어가 더 주목받지만, 정작 더 중요한 건 수많은 시행착오와 실패를 견뎌내는 과정입니다. 르 라보Le Labo가 '실험실'이라는 컨셉을 불완전함의 미학으로 만든 것도, 넷플릭스Netflix가 '컨텐츠 대여'에 오리지널 제작을 더해 OTT 자리를 굳힌 것도, 발뮤다Balmuda가 사용자를 관찰하며 집요하게 선풍기의 완성도를 높인 것도 치열한 과정의 결과입니다. 그렇게 위대한 브랜드는 태도와 과정을 통해 만들어집니다.

브랜드는 평범한 아이디어를 사람들이 공감하는 이야기로, 쓰임새 있는 제품으로, 오래 지속되는 시스템으로 바꾸어가는 비범한 과정의 결과물이라고 할 수 있습니다.

그래서 저는 반짝이는 성공담보다 브랜드를 만든 사람들의 고민과 실행, 그리고 브랜드를 사랑하는 팬들의 진실한 이야기를 전하고 싶었습니다. 그것이 그동안 매거진 〈B〉가 다큐멘터리 형식으로 보여주고자 했던 이야기입니다. 이런 생각은 지난 15년간 99권의 〈B〉를 만들며 더욱 확고해졌습니다. 그 생각을 짧게나마 전하고 싶어 소수의 독자와 서신을 주고받는 마음으로 '발행인의 글'을 썼습니다. 창간호부터 42호까지는 직접 글을 썼고, 이후에는 편집장의 시선을 통해 관점을 이어갔습니다.

《일의 감각》을 계기로 다시 많은 분과 이야기 나누면서 그 형식을 빌려 브랜드 이야기를 하고 싶었습니다. 발행인의 글을 쓰지 않았던 시기의 〈B〉브랜드들을 다시 불러내고, 일부 과거의 글들은 지금의 시선으로 보완했습니다. 이 책은 매거진〈B〉의 요약본이 아닙니다. 51개의 브랜드로 비추어 본 제 생각의 모음이자 개인적인 경험이 담긴 브랜드 이야기입니다.

새로운 아이디어를 너무 멀리서 찾을 필요는 없습니다. 답은 언제나 가까이에, 어쩌면 이미 당신 안에 너무나도 당연하게 자리하고 있을지 모릅니다. 이 책이 브랜드를 보는 새로운 눈을 열어주고, 오늘의 평범한 아이디어가 내일의 비범함으로 이어지는 작은 발걸음이 되길 바랍니다.

CONTENTS

들어가는 말 6

평범한 아이디어 — 르라보 Le Labo 16

일반인의 시선 — 블루보틀 커피 Blue Bottle Coffee 20

불완전의 아름다움 — 아스티에 드 빌라트 Astier de Villatte 24

스웨덴 핑크 — 아크네 스튜디오 Acne Studios 28

디자인은 사고방식이다 — 발뮤다 Balmuda 33

사소한 문제 — 조셉조셉 Joseph Joseph 38

진심 미디어 — 인스타그램 Instagram 42

심리적 프리미엄 — 아페쎄 A.P.C. 46

무심코 쓰는 물건 — 빅 Bic 51

두 시대를 버틴 클래식 — 지샥 G-Shock 55

좋은 사람 — 툴레 Thule 59

한 장의 사진 — %아라비카 %Arabica 64

계획된 자연스러움 — 르메르 Lemaire 84

식탁 위의 품격 — 산펠레그리노 San Pellegrino 88

판타지 스토리텔링 — 록시땅 L'occitane 92

위트 한 스푼 — 헤이 Hay 96

유머와 여유 — 메종 키츠네 Maison Kitsuné 100

빈 페이지 이야기 — 몰스킨 Moleskine 105

미디어가 된다는 것 — 미쉐린 가이드 Michelin Guide 109

성실한 사람들 — 유튜브 YouTube 113

끝은 로컬이다 — 에어비앤비 Airbnb 116

스타일 없는 스타일 — 반스 Vans 121

색은 온도다 — 팬톤 Pantone 125

모듈의 힘 — 유에스엠 USM 130

기능의 아름다움 — 아크테릭스 Arc'teryx 134

절묘한 균형 — 모스콧 Moscot 154

유통이 브랜드다 — 하겐다즈 Häagen-Dazs 158

캐주얼한 클래식 — 라미 Lamy 162

상업적 아웃사이더 — 메종 마르지엘라 Maison Margiela 166

낯선 익숙함 — 호시노야 Hoshinoya 170

요리의 근본 — 스타우브 Staub 174

소수의 선망 — 라파 Rapha 178

스타일리시한 웰니스 — 룰루레몬 Lululemon 182

취향의 연결 — 소호 하우스 Soho House 186

조금 다른 길 — 애플 뮤직 Apple Music 190

고지식함과의 컬래버 — 바버 Barbour 194

낡은 행복 — 대너 Danner 198

서점의 역할 — 츠타야 Tsutaya 218

브랜드의 롤모델 — 무인양품 Muji 222

파도를 기다리며 — 파타고니아 Patagonia 226

디렉터의 역할 — 샤넬 Chanel 230

사적이고 소중한 경험 — 스포티파이 Spotify 234

의식 있는 자본 — 이케아 Ikea 238

자기 인식 — 디제이아이 DJI 242

어른의 애착 기계 — 미니 Mini 245

중요한 거래처 — 미스터포터 Mr Porter 248

감성 부동산 — 위워크 WeWork 252

궁극의 자산 — 디즈니 Disney 256

사람이 기회다 — 넷플릭스 Netflix 260

평범한 특별함 — 아식스 Asics 265

완전한 균형 — 프라이탁 Freitag 269

나가는 말 292

평범한 아이디어

르라보
Le Labo

저는 원래 향수를 즐겨 쓰는 사람이 아니었습니다. 하지만 르 라보를 알게 되면서 향이라는 세계, 나아가 향수 산업 전체에 호기심을 갖게 되었습니다. 10여 년 전 뉴욕 여행 중 우연히 들어간 르 라보 매장에서 시작된 인연이었죠. 당시 르 라보는 그때까지 제가 보아온 향 브랜드와는 달랐습니다. 매장은 거칠고 가공되지 않은 실험실 같은 분위기였는데, 향수 보틀에 붙은 라벨의 서체와 그래픽은 예리하고 정교했습니다. 세련되면서도 세련되지 않은, 다듬었지만 다듬어지지 않은 그 사이의 미묘한 균형이 제 눈길을 사로잡았습니다.

디자이너라면 보통 흠잡을 데 없는 완성도에 이끌리기 마련입니다. 그러나 저는 완벽하게 짜인 브랜드보다는 일부러 틈을 남겨두는 브랜드에 더 매력을 느낍니다. 못해서 안 한 게 아니라, 충분히 할 수 있는데도 110이 아닌 90에서 멈추는 거죠. 르 라보는 그 여백과 불완전함에서 빛이 났습니다. 창립자들 역시 브랜드 철학의 핵심으로 '불완전함'을 언급했습니다.

향 역시 그러한데, 르 라보의 향은 누구나 익숙하게 받아들일 수 있는 구조 위에 약간의 트위스트를 남깁니다. 흔한 듯 흔하지 않고, 대중적이면서도 니치한. 이 미묘한 균형 덕분에 사람들은 르 라보의 향에 매혹됩니다. 반대로 비슷한 시기에 등장해 늘 비교 대상으로 언급되던 바이레도Byredo는 정반대의 길을 걸었습니다. 패키지, 서체, 아트워크까지 흠잡을 데 없는 긴장감으로 팽팽합니다. 두 브랜드 모두 훌륭하지만, 르 라보는 '틈'이라는 전략적 불완전성 덕분에 많은 사람을 매혹하고 호기심을 자극했습니다.

사실 '실험실에서 바로 만들어 파는 향수'라는 컨셉이 그리 대단한 아이디어는 아닙니다. 향수를 잘 모르는 사람이 넘볼 법한 자칫 유치하게 보일 수 있는 아이디어였지만, 르 라보는 모든 과정을 세심하게 다듬어서 의도된 '불완전함'을 만들었습니다. 주문을 받은 뒤 원액을 희석해 병에 담는 과정을 재현하고, 쉽게 지저분해질 수 있는 종이 라벨지에 로고와 함께 고객 이름을 프린트해서 붙여주는 방식을 선택했습니다. 매장은 찢긴 벽지와 낡은 기물로 채워졌죠. 매장 직원들조차 전형적인 세일즈 톤에서 벗어나 작은 카페의 바리스타처럼 움직입니다. 럭셔리 향수 브랜드라면 선택하지 않을 리스크였죠. 하지만 르 라보는 그 위험을 감수했고, 오히려 그것이 매장 분위기와 브랜드의 독자성을 강화했습니다.

창립자 에디 로시Eddie Roschi와 파브리스 페노Fabrice Penot는 프랑스에서 대형 뷰티 기업에 몸담았다가 뉴욕으로 건너와 르 라보를 시작했습니다. 이들의 배경은 르 라보 특유의 콘트라스트와 깊이 연결됩니다. 향수 종주국에서 기른 감각적 테이스트를 유지하되 전형성에는 저항하고, 그것을 미국의 상업적 감각과 결합한 것입니다. 현장에서 원액을 희석하고 라벨에 원하는 글자를 프린트해서 붙여주는 과정은 전체 제조 과정 중 극히 일부일 뿐이지만, 고객은 그 순간을 통해 '나만의 향수'를 만들었다고 믿게 됩니다. 이 의도된 혼동, 약간은 뻔뻔한 제스처를 르 라보는 완벽에 가깝게 수행했습니다. 덕분에 매장에 들어서고 향수를 구매해 나가고 특별한 선물로 전달할 때까지 소비자는 자신만의 이야기를 경험하게 됩니다.

어쩌면 지금 시대의 향수란 향 자체를 넘어 그런 이야기를 지니고 있느냐 없느냐가 전부일지도 모릅니다. 샤넬의 샤넬 넘버5가 그러했고, 르 라보의 상탈33도 그렇습니다.

일반인의 시선

블루보틀 커피
Blue Bottle Coffee

기호식품의 발달과 진화를 저는 늘 와인에 빗대어 바라보곤 합니다. 와인과 유사한 단계를 밟기 시작했다는 것은 해당 산업의 성숙도가 일정 궤도에 올랐음을 의미합니다. 와인처럼 된다는 것은 곧 재료의 원산지와 재배지의 토양, 품종, 수확 시기, 그리고 생산자의 이야기가 한데 얽히며 상품 가치가 몇 배, 많게는 수천 배까지 달라지는 현상을 의미합니다.

커피는 지금 정확히 그 길을 따라가고 있습니다. 화학적으로 성분을 분석하면 거의 차이가 없는데도 한

잔에 수만 원을 호가하는 커피가 있는가 하면, 편의점 캔 커피나 믹스 커피도 여전히 제 역할을 다합니다. 이런 다양성과 세분화는 앞으로도 오랫동안 이어질 것입니다. 이제 소비자는 카페라는 공간 경험을 넘어 커피 품종 자체에 호기심을 갖기 시작했습니다. 엄밀히 말해 2000년대 이후 '제3의 물결'이라 일컫는 스페셜티 커피 문화의 등장이 그 출발점이었습니다. 스타벅스Starbucks 같은 글로벌 카페 체인으로 인해 맛이 획일화되자, 이에 반발하듯 수많은 소형 스페셜티 브랜드가 생겨났고, 블루보틀 커피(이하 블루보틀)는 그중에서도 주목받은 브랜드 중 하나입니다.

시카고의 인텔리젠시아Intelligentsia, 포틀랜드와 샌프란시스코의 스텀프타운Stumptown과 더불어 블루보틀은 스페셜티 커피 1세대라고 할 수 있습니다. 그런데 블루보틀은 다른 브랜드와 달랐습니다. 경쟁자들이 장인정신으로 커피 본연의 퀄리티에 집중했다면, 블루보틀은 세심한 공간 연출과 부담없는 메뉴 구성을 통해 커피 경험을 '연출'했습니다. 인텔리젠시아가 커피머신과 바리스타를 드러내는 날것 그대로의 공간을 의도했다면, 블루보틀은 미니멀리즘을 기반으로 커피를 내리고 마시는 장면을 정돈된 하나의 풍경으로 보여주었습니다. 최근 일본과 한국에서 공간 디자이너 조 나가사카Jo Nagasaka와 협업한 매장들은 블루보틀의 공간 경험과 미학이 가장 극적으로 드러난 사례라고 할 수 있습니다.

또 하나의 상징은 '뉴올리언스 스타일 커피'입니다. 달달한 고급 캔 커피 같은 맛이지만, 블루보틀을 상징하는 오리지널 메뉴로 자리 잡았습니다. 스페셜티 커피를 어렵게 설명하려 하지 않고, 쉽고 친근한 커피로 블루보틀을 누구나 좋아하게 만들었죠. 평소 단 음료를 즐기지 않는 저조차도 그 맛의 여운은 쉽게 잊히지 않습니다.

무엇보다 흥미로운 점은 창립자 제임스 프리먼James Freeman의 이력입니다. 커피 전문가가 아니라 클라리넷

연주자였던 그의 예술가적 감수성은 블루보틀에 독특한 색채를 더했습니다. 그는 "음악이 소리뿐 아니라 침묵까지 다루듯, 블루보틀에서도 '비어 있는 부분'에 대해 고민했다"고 〈B〉와의 인터뷰에서 말했습니다. 바로 그 시선 덕분에 블루보틀은 단순한 커피 브랜드를 넘어 사랑받는 브랜드가 될 수 있었습니다. 오직 커피맛에 몰두한 전문가가 아니라, 삶의 여러 차원을 종합하는 제너럴리스트의 시선이 브랜드를 풍성하게 만든 셈입니다.

앞으로 기후 위기로 커피 농장이 어떻게 변화할지, 대도시의 임대료 변화로 커피 매장이 어떤 모습이 될지 알 수 없습니다. 커피 비즈니스가 완전히 새로운 방식으로 재편될지도 모릅니다. 이때 스페셜리스트의 역량만큼 중요한 것이 제임스 프리먼 같은 제너럴리스트의 시선 아닐까요? 블루보틀은 이런 점에서 좋은 참고가 될 브랜드입니다.

불완전의 아름다움

아스티에 드 빌라트
Astier de Villatte

백색 도기로 잘 알려진 아스티에 드 빌라트(이하 아스티에). 저에게 그 첫인상은 모호했습니다. "이건 실제로 쓰라고 만든 게 아니라 장식용에 가까운데, 누가 이렇게 비싼 장식용 그릇을 사는 걸까?" 쉽게 이해하기 어려운 브랜드였죠. 그러다 아내의 손에 이끌려 파리 생토노레 매장을 방문했을 때 생각이 달라졌습니다. 그곳의 아스티에 식기들은 예술품처럼 모셔져 있지 않았습니다. 오히려 겹치고 쌓아 올려 무심히 진열되어 있었죠. 잘 깨지는 그릇임이 분명한데, 마치 애지중지

아끼지 말고 툭툭 내키는 대로 쓰라고 권하는 듯했습니다. 그 순간 섬세한 아름다움을 거칠게 대하는 이들의 방식에서 묘한 매력을 느꼈고, 이후 몇몇 제품은 제 일상으로 들어오게 되었습니다.

직접 써보니 아스티에의 진면목이 드러났습니다. 핸드메이드 특유의 손맛과 유약할 만큼 얇은 두께는 다른 도기와 확연히 구별되며 식탁 위에서 존재감을 드러냈습니다. 오늘날 예쁘면서 튼튼한 그릇은 흔하지만, 아스티에의 식기는 마치 진보를 멈추고 과거 어딘가에 머무르는 듯합니다. 팬들은 바로 그 '멈춤' 속에서 아름다움을 발견합니다. 눈으로만 보는 것이 아니라 손에 쥐고, 입술에 닿을 때까지 전해지는 온기. 크리스털이나 산업 세라믹에서 느낄 수 없는 인간적 온도가 그릇에 담겨 있는 것입니다.

이런 점에서 아스티에는 예술품과도 닮았습니다. 회화든 조각이든 사람들은 작품을 볼 때 그것을 완성하기까지 얼마나 많은 노동과 시간이 들어갔을지를 상상해보곤 합니다. 수없이 쌓인 섬세한 붓질, 단 한 번의 과감한 터치, 반복된 망치질. 예술품의 아름다움은 인간의 노력에 대한 경외심에서 시작되는 경우가 많습니다. 아스티에 역시 그 정수를 정확히 포착하고 있습니다. 실제로 티베트 출신 도공들이 본사 근처 공방에서 하나하나 손으로 빚어내는데, 그중에는 전직 승려도 있다고 합니다. 공방이 노래와 기도 소리로 가득하다는 일화는 아스티에의 그릇에 깃든 독특한 기운을 잘 설명해줍니다.

아스티에는 예술과 공예, 그리고 비즈니스의 경계 어디쯤에 서 있습니다. 시장을 분석해 전략적으로 접근한 흔적은 거의 없습니다. 그들의 제품군은 도기를 중심으로 하되, 인센스와 향수부터 문구류와 크리스마스 오너먼트에 이르기까지 무척 자유롭습니다. 어떤 틀에도 얽매이지 않고, 감각과 본능이 이끄는 대로 흘러갑니다. 아이템 사이엔 일관된 논리가 없지만, 그럼에도 누구도 이들에게 "사업은 그렇게 하는 게 아니다"라고 말할 수 없습니다. 이미 오래전부터 존재하던 세계를 그저 보여주듯 태연하게 아름다움을 구현해내기 때문입니다.

창립자 브누아 아스티에 드 빌라트Benoît Astier de Villatte와 이반 페리콜리Ivan Pericoli를 한국에서 직접 만났을 때도 비슷한 인상을 받았는데, 어릴 적부터 아름다움을 곁에 두고 살아온 사람들이 그 본능을 열정적으로 펼치는 것만 같았습니다. 그렇게 아스티에는 인간적인 불완전함의 매력을 발견하고, 아름다움에 대한 창업자들의 집요함으로 완성시킨 너무나도 인간적인 브랜드입니다.

지금도 저는 아스티에 그릇을 볼 때마다 '그저 아름답다는 것만으로도 충분할 수 있다'는 걸 배웁니다.

스웨덴 핑크

아크네 스튜디오
Acne Studios

매거진〈B〉 아크네 스튜디오(이하 아크네) 이슈의 표지는 이들의 핑크 쇼핑백 일부를 클로즈업한 이미지였습니다. 이케아Ikea의 푸른 장바구니나 룰루레몬Lululemon의 쇼핑백처럼 아크네의 핑크 쇼핑백 역시 브랜드를 상징하는 아이콘이라는 생각이 들었습니다. 일반적으로 핑크는 강렬하고 자기주장이 분명한 색으로 받아들여지지만, 아크네의 핑크는 달랐습니다. 차분하면서도 은근히 도발적인 분위기, 현실과 타협하면서도 기존 관성에 맞서는 정서가 절묘하게 담겨 있었죠. 그

색 하나에 아크네라는 브랜드의 성격이 압축되어 있었습니다.

아크네는 스웨덴에서 패션 디자이너가 아닌 사람이 론칭한 브랜드입니다. 패션 산업의 장벽에 대해 아는 이라면 이게 무모한 일인지 잘 알 겁니다. 하지만 아크네는 오히려 "나는 내가 입고 싶은 것을 만들겠다"는 단순하면서도 과감한 선언으로 출발했습니다.

이러한 아크네 스타일은 스웨덴 사회가 지닌 문화적 속성과도 맞닿아 있습니다. 스웨덴은 패션뿐 아니라 디자인 전반에서 높은 이해도를 자랑하는 나라입니다. 그런 시장에서 내수 기반만으로 창의적 브랜드로 자리 잡은 것은 그만큼 까다로운 기준을 통과했다는 뜻입니다. 탄탄한 시스템과 전통이 깔린 패션 강국에서라면 기존 공식을 따라가는 것만으로도 어느 정도 성취를 할 수 있겠죠. 하지만 스웨덴은 오히려 패션 산업으로는 척박한 토양이었기에 아크네는 더욱 단단하고 예리하게 다듬어질 수 있었습니다. 그래서 초기 아크네는 누구도 쉽게 모방할 수 없는 독자적 이미지를 구축했고, 패션계의 이단아 같은 존재로 우뚝 섰습니다.

입지를 다진 아크네는 곧 자신들만의 존재감을 드러냈습니다. 컬트 브랜드에서 출발했지만, 점차 하이패션과 컨템퍼러리의 경계에 자리 잡았고, 가격대 또한 그 사이를 정밀하게 겨냥했습니다. 하이엔드 브랜드처럼 결심하고 구매해야 할 정도는 아니지만, 가성비로 설명하기에는 분명 높은 가격대죠. 절묘한 포지셔닝은 매장 인테리어 전략에서도 드러납니다. 현대미술 갤러리를 연상케 하는 여백 많은 공간에 듬성듬성 걸린 옷들은 막상 손에 들면 꽤 웨어러블합니다. 누구나 쉽게 다가서긴 어렵지만, 막상 입으면 의외로 편안한 옷. 아크네가 추구해온 본질은 바로 이러한 아이러니―하이패션의 감도를 지닌 동시에 일상에서 무리 없이 착용 가능한 옷―였습니다.

그렇다면 지금의 아크네는 어떨까요? 대중적 인지

도가 높아진 만큼 아이템과 매장은 점차 기성 패션의 문법에 가까워지고 있습니다. 오늘날의 아크네는 하이 패션 브랜드에 준하는 입지를 다졌고, 매출 측면에서는 아마도 전성기를 누리는 중일 겁니다. 커다란 로고를 박은 머플러와 티셔츠가 엔트리 레벨Entry level 아이템처럼 소비되며, 마치 명품의 관문 역할을 하는 듯합니다. 하지만 저는 예전의 절제된 아크네, '스웨덴 핑크'에 담긴 감성이 그립습니다. 물론 브랜드의 성공을 폄하할 수는 없지만, 한때 적당히 반항적이면서도 현실과 균형을 이뤘던 그 고유의 미니멀한 긴장감이 점점 옅어지는 듯해 아쉽습니다.

결국 아크네가 남긴 교훈은 이겁니다. 브랜드는 언제나 대중성과 정체성 사이의 긴장 위에서 존재한다는 것입니다. 더 많은 사람에게 사랑받을수록 정체성은 흐려질 위험에 놓이지만, 그렇다고 좁은 울타리에 머문다면 성장의 기회를 잃게 되겠죠. 아크네는 그 줄타기를 누구보다 영리하게 이어왔고, 지금도 여전히 도발과 절제 사이에서 균형을 유지하고 있습니다. 어쩌면 그 자체가 아크네다운 매력일지 모릅니다.

디자인은 사고방식이다

발뮤다
Balmuda

큰 브랜드와 작은 브랜드는 단순히 규모로 나뉘지 않습니다. 하지만 우리는 무의식적으로 큰 브랜드가 할 수 있는 일과 작은 브랜드가 할 수 있는 일을 구분하곤 하죠. 예컨대 큰 브랜드는 안정감과 체계성을 앞세우지만, 그만큼 민첩한 감각과 즉흥성은 잃기 쉽습니다. 반대로 작은 브랜드는 유연하고 자유로운 상상력을 빠르게 발휘할 수 있지만, 안정감이나 신뢰를 증명하기까지는 시간이 필요합니다. 그래서 저는 늘 이렇게 말합니다. "큰 브랜드는 작은 브랜드처럼 행동해야 하고, 작은 브랜드는 큰 브랜드처럼 생각해야 한다"고요.

발뮤다는 이 명제를 증명하는 브랜드입니다. 2003년 일본에서 출발했지만, 그들의 제품을 실제로 접하면 로컬 브랜드라는 사실이 무색합니다. 선풍기, 가습기, 토스터 같은 일상적이고 전통적인 가전제품 안에서 발뮤다는 마치 수십 년의 노하우를 축적해온 대기업처럼 정교한 결과물을 내놓습니다. 제품을 직접 만지는 순간 느껴지는 안정감, 물성에서 드러나는 견고함, 최상의 만족을 위한 집요한 집착이 브랜드에 대한 신뢰로 이어집니다. 발뮤다의 물건을 경험해본 사람이라면, 아직 써보지 않은 다른 제품에도 같은 완성도를 기대하게 됩니다. 그리고 이것이 단순한 기능의 충족을 넘어 브랜드 전체에 대한 믿음으로 확장되죠.

특히 그들의 대표 제품인 '그린팬' 선풍기가 인상적입니다. 저는 이 선풍기를 쓸 때마다 '큰 브랜드처럼 보인다'는 느낌을 강하게 받습니다. 보통의 선풍기는 좌우 회전 각도를 정해주기 어렵죠. 하지만 그린팬은 사용자가 선풍기를 회전시키다가 원하는 위치에서 강제로 멈추면, 그 지점을 정확히 기억합니다. 반대편도 같은 방식으로 설정할 수 있어, 선풍기는 이후 그 구간만 매끄럽게 회전합니다. 아주 직관적이지만, 실제 구현하기 위해서는 꽤 정교함이 필요했을 겁니다. 그건 단순히 기능 하나를 추가한 것이 아니라, 사용자에게 '내가 원하는 방식대로 기계가 작동한다'는 느낌을 준 것입니다.

또 하나 놀라운 디테일은 높이 조절 방식입니다. 일반 선풍기는 높이가 고정되어 있거나 본체와 연결된 채 아주 약간만 조절할 수 있습니다. 하지만 발뮤다는 아예 본체 중간에 분리형 바Bar를 삽입하는 방식을 택했습니다. 바를 꽂으면 최대 높이, 빼내면 최저 높이가 됩니다. 문제는 이 바에도 전기가 흘러야 한다는 것인데, 발뮤다는 그 부분도 매끄럽게 해결했습니다. 그 덕분에 사용자는 어떤 높이로 쓰든 본래 그렇게 만들어진 제품처럼 느끼게 됩니다. 보통 기업이라면 "선풍기 높이를 조절해서 쓰는 사람이 중요한가?"라며 기능을 단순화했을 겁니다. 하지만 발뮤다는 작은 필요를 놓치지 않고 경험을 완결합니다. 이런 집요함이 작은 브랜드를 큰 브랜드처럼 보이게 만드는 힘입니다.

발뮤다가 택한 전략은 여느 가전 브랜드와도 다릅니다. 다른 기업들은 소비자 층위를 나누어 다양한 모델을 출시하지만, 발뮤다는 하나의 카테고리 안에서 '최종 해답'을 제시합니다. 선풍기의 끝, 토스터의 끝, 공기정화기의 끝. "더 나은 제품이 필요할까?"라는 질문에 망설임 없이 "이미 충분합니다"라고 답할 수 있는 브랜드입니다.

이 철학은 창립자 데라오 겐Gen Terao의 말에서도 잘 드러납니다. 그는 〈B〉와의 인터뷰에서 "디자인은 형태가 아니라 사고방식"이라고 이야기합니다. 발뮤다의 디자인은 곧 '사용 경험'을 재구성하는 사고방식입니다. 애플이 아이폰을 통해 '손가락으로 화면을 조작한다'는 완전히 새로운 습관을 만든 것처럼, 발뮤다 역시 우리가 익숙하게 여겨온 가전제품의 사용 방식을 근본적으로 바꾸어놓습니다. 선풍기 같은 고전적인 제품조차 혁신의 대상이 되기에 충분하다는 것을 증명하면서 말입니다.

결국 발뮤다가 보여주는 건 규모와 상관없이 경험의 완결성이 브랜드의 크기를 결정한다는 사실입니다. 작은 브랜드라도 깊이 있는 사고와 집요한 완성도를 통해 큰 브랜드처럼 보일 수 있습니다.

사소한 문제

조셉조셉
Joseph Joseph

주방 도구의 세계를 들여다보면 의외로 단조롭습니다. 대개는 기능에만 집중한 채 디자인은 뒷전으로 밀려나 있는 경우가 많죠. 마치 "칼은 잘만 썰리면 됐지" "국자는 국만 잘 떠지면 충분하지" 하는 식의 논리로 설명하는 것처럼 말입니다. 그래서 신경쓰지 않으면 주방은 효율만 남고, 멋은 사라진 복잡한 공간이 되기 쉽습니다.

하지만 이런 풍경 속에서 몇몇 브랜드는 뚜렷한 인상을 남깁니다. 저에게는 트라이앵글Triangle과 조셉조

섭이 그렇습니다. 두 브랜드 모두 '디자인된 주방 도구'로 불리우지만, 그 방향은 서로 다릅니다. 트라이앵글은 장인적 정밀함을 바탕으로 예리하고 날카로운 기능에 초점을 맞추고 있고, 정교하게 가공된 완벽한 만듦새가 이 브랜드의 미학입니다. 반면, 조셉조셉은 조금 다른 질문을 던졌습니다.

"주방은 왜 늘 단조로워야 할까?" "왜 누구도 주방을 아름답고 생기 있는 공간으로 바꾸려 하지 않을까?"

이 물음에서 출발한 형제 창업자는 샐러드 볼, 도마, 채칼, 국자 같은 일상의 도구들을 새롭게 바라보았습니다. 누구의 집에나 있지만, 그동안 아무도 '아름답게' 만들 생각조차 하지 않은 물건들. 그들은 이 일상적 사물을 다시 해석해 색을 입히고, 선을 다듬고, 형태를 정리했습니다. 그 결과, 단순한 편리함을 넘어 주방을 아름다운 무대로 바꿔놓는 데 성공했습니다.

생각해보면, 도구는 그저 도구일 뿐입니다. 용도에 맞게 제 역할만 해내면 충분하죠. 이 논리대로라면 최고의 주방 도구는 전문 셰프들이 업장에서 사용하는 장비여야 합니다. 하지만 날카로운 칼과 번쩍이는 스틸 제품으로 가득 찬 주방을 떠올려보면 어떨까요? 마치 수술실처럼 차갑고 감정이 없게 느껴질지도 모릅니다. 그 사이에 조셉조셉의 컬러풀한 도구 몇 개만 놓여 있어도 분위기는 완전히 달라집니다. 쓰이지 않을 때조차 작은 오브제처럼 공간을 환하게 밝히는 힘, 그것이 바로 조셉조셉이 찾아낸 틈새였습니다.

더 흥미로운 점은 이들이 결코 기능을 희생하지 않았다는 사실입니다. 여러 사이즈의 채반을 차곡차곡 포개어 보관할 수 있는 구조, 용도에 따라 꺼내 쓰도록 설계한 도마 세트, 음식물이 주방 상판에 묻지 않도록 세심하게 디자인된 국자와 뒤집개까지. 조셉조셉은 사용자의 가정을 실제로 들여다본 결과를 제품에 담아냈습니다. 덕분에 초보자와 숙련자 모두가 만족할 수 있는 도구가 탄생했죠. 처음 보면 장난감처럼 보이는 외형 때문에 가볍게 여길 수도 있지만, 막상 사용해보면 기능적 깊이가 드러나며 반전의 매력을 느끼게 됩니다. "예쁜데, 이렇게 편리하다니!" 저에게 조셉조셉은 이런 브랜드입니다.

저는 이런 이유로 주방이라는 공간엔 여전히 수많은 비즈니스 기회가 남아 있다고 생각합니다.

결국 중요한 건 사소한 문제를 그냥 흘려보내지 않는 겁니다. "더 아름답게, 더 편리하게 만들 수는 없을까?"라는 진부한 질문을 진지하게 붙들어야 합니다. 조셉조셉은 그렇게 출발해 주방이라는 평범한 무대를 새롭게 바꾸어 놓았습니다.

진심 미디어

인스타그램
Instagram

계속 매거진〈B〉를 발행하고 있지만, 솔직히 종이 잡지 같은 아날로그 미디어가 현대인의 시간을 붙잡기 쉽지 않음을 받아들입니다. 모노클Monocle의 발행인 타일러 브륄레Tyler Brûlé는 〈B〉와의 인터뷰에서 인스타그램을 '경쟁자'이자 '적'으로 규정하기도 했습니다.

종이 잡지가 지녔던 기능과 역할은 상당 부분 인스타그램으로 옮겨갔습니다. 좀 더 살펴보자면, 인스타그램은 레거시 미디어와 뉴미디어가 공존하는 거대한 플랫폼이자 수백만 개의 다양한 사이즈의 미디어가 동시에 활동하는 세계입니다. 전통적인 언론이 독점했던 미디어 권력이 분산되었다는 사실은 누군가에게 억울한 풍경일 수 있지만, 이는 동시에 누구에게나 동등한 기회가 열려 있다는 의미이기도 합니다. 인스타그램에서의 인플루언서 역시 마찬가지입니다. 한번 우위를 차지하면 굳건할 것 같아도 실제로는 그렇지 않습니다. 권력의 견고함보다는 끊임없는 도전 가능성으로 계속 움직이고 있죠.

인스타그램은 이미지라는 언어를 기반으로 네트워크를 형성했고, 이제는 어떤 미디어보다 강력한 영향력을 가진 채널들을 품고 있습니다. 오늘날 사람들은 누군가의 옷차림, 방문한 장소, 식사의 기록을 단순한 사생활이 아닌 '정보'로 받아들입니다. 저는 이 생태계를 이해하고 성실하게 운영하는 채널들에 존경심을 갖고 있습니다. 그들의 공통점은 인스타그램을 단순한 도구가 아니라 철저히 '인간적인 미디어'로 바라본다는 것입니다. 반대로, 여전히 인스타그램을 홍보 채널에 불과하다고 여기는 사람들은 그 인식의 차이를 여간해서 좁히지 못합니다.

실제로 유튜브나 인스타그램에는 무료로 즐겨도 되나 싶을 만큼 공들여 만든 콘텐츠가 많습니다. 이용자가 특정 채널에 고마움을 넘어 미안함을 느낄 때, 채널이 브랜드로 기능하고 있다는 신호입니다. 그것은 형식이나 전략의 문제가 아니라 진정성의 문제입니다. 콘텐츠를 아무리 전문적으로 제작했다고 해도 중요한 것은 결국 '돕고 싶은 마음'입니다. 새로운 정보를 전해주거나, 공부할 거리를 정리해주거나, 잠시 웃음을 건네려는 모든 시도는 이러한 마음으로만 지속될 수 있습니다.

이제는 개인이나 작은 집단도 얼마든지 미디어가 될 수 있습니다. 그 힘은 특별한 노하우가 아닌 감정과 정서에 있습니다. 인스타그램에서 누군가에게 호감을 갖는 방식은 현실에서의 인간관계와 크게 다르지 않습니다. 기업 계정이라도 구체적 감성과 정서를 담아낼 수 있다면 유효한 관계를 만들 수 있습니다. 아무리 완성도가 높아도 반응이 시원찮은 경우가 있고, 별다를 것 없어 보이는 계정이 빠르게 성장하기도 합니다. 이것을 두고 세상이 가벼워졌다고만 치부하는 건 지나친 단순화일 겁니다. 중요한 것은 언제나 '사람'입니다.

최근 카카오톡이 인스타그램처럼 서비스를 바꾸려고 시도했습니다. 카카오톡에서 맺은 관계가 인스타그램에서의 그것과 전혀 다르다는 건 논쟁거리조차 되지 않는 상식입니다. 아마도 카카오톡이 이용자들을 앱에 오래 머물게 하려 했던 거라고 추측합니다. 그래서 저는 최대한 카카오톡에 짧게 머무르려고 노력합니다.

인스타그램은 단순한 플랫폼이 아니라, 사람을 매개로 한 미디어입니다. 사람은 언제나 진심을 알아본다는 걸 잊어서는 안 됩니다.

심리적 프리미엄

아페쎄
A.P.C.

패션계에서 '파리지앵'이라는 키워드는 오랫동안 유행했습니다. 지금은 다소 누그러졌지만, 파리지앵의 멋은 여전히 패션을 사랑하는 이들 사이에서 회자되고 있죠. 무심하게 입은 듯한데 멋있고, 꾸민 티는 없지만 스타일이 느껴지는 모습. 익숙한 옷차림인데도 결코 평범하지 않은 조화. 바로 이런 이질적 결합이야말로 파리지앵 스타일, 혹은 프렌치 스타일의 본질입니다. 그것은 단순한 스타일링을 넘어 살아가는 방식에 가깝습니다. 계산되지 않은 듯 보이지만 사실은 질서와 취향이 깔려 있고, 즉흥적인 듯하면서도 철학이 배어 있습니다. 패션뿐 아니라 인테리어, 음식 등 일상 전반에서도 이 감각은 동일하게 작동합니다. 아무렇게나 놓은 것 같은 가구 배치가 오히려 세련된 공간을 만들고, 특별히 공들인 것 같지 않은 요리가 만족을 주는 것처럼요.

그렇다면 이 멋은 어디에서 오는 걸까요? 프랑스 사람들의 삶을 들여다보면, '아름다움을 어떻게 드러낼 것인가'보다 '나는 어떻게 살 것인가'에 집중하는 듯합니다. 자기 존재가 우선이고, 아름다움은 그 위에 덧입혀지는 결과라고 할까요? 이 순서가 뒤집히면 어떤 것이든 과장되어 보이게 마련입니다. '멋져 보이려는' 사람으로 살아가는 순간 정체성에서 멀어집니다. 결국 파리지앵 스타일은 삶의 철학 위에 감각을 얹는 방식이며, 그렇기에 꾸며낸 이미지를 본능적으로 경계하는 것인지도 모릅니다.

아페쎄는 한때 파리지앵을 구분하는 표식과 같은

브랜드였습니다. 무심한 멋을 연출하고 싶을 때 아페쎄 옷은 그 감각에 꼭 들어맞았죠. 특징이 없다 싶을 만큼 절제된 디자인, 새로운 시도를 전면에 내세우지 않는 것이 오히려 브랜드를 더 모던해 보이게 만들었습니다. 시즌마다 크게 달라지지 않는 스타일 덕분에 오래전 구입한 아페쎄의 옷은 지금 입어도 전혀 어색하지 않습니다. 이러한 일관성은 단순히 베이식하기 때문이 아니라, 브랜드가 지향하는 이상이 흔들리지 않기 때문입니다.

저 역시 아페쎄에 깊이 끌린 적이 있습니다. 브랜드를 과시하고 싶지는 않았지만, 누군가가 알아본다면 "아페쎄"라고 답하고 싶은 마음. 이런 이중적 욕망을 아페쎄는 정확히 읽어낸 듯합니다. 유니클로Uniqlo에도 베이식한 옷은 많지만, 아페쎄를 고르는 이유는 그런 미묘한 감정의 차이 때문입니다. ⟨B⟩ 아페쎄 이슈에서도 인상적인 사례를 소개했습니다. "누가 아페쎄의 옷을 입느냐?"라는 질문에 한 인터뷰이는 이렇게 답했죠. "루이 비통Louis Vuitton이나 발렌시아가Balenciaga의 수석 디자이너가 쇼를 마친 뒤 인사하러 나올 때 입는 옷이 아페쎄인 경우가 많다"고요. 바로 그런 순간에 필요한 옷. 편하지만 평범하지 않고, 튀지 않지만 만족스러운 옷. 아페쎄는 그런 오묘한 심리를 건드립니다.

아페쎄의 정체성을 가장 분명하게 보여주는 것이 바로 생지 데님 셀비지 진(Raw Denim Selvedge Jeans)입니다. 여전히 '아페쎄' 하면 이 셀비지 진을 떠올리는 이가 많고, 이 제품만 꾸준히 찾는 팬층도 존재합니다. 브랜드 표식이 없어서 얼핏 유니클로 셀비지 진과 크게 다르지 않아 보이기도 하지만, 더 높은 가격을 감수하면서까지 아페쎄를 선택하는 이유는 '심리적 프리미엄'에 있습니다. 자신만이 아는 만족, 자신만의 강한 확신이 구매를 이끄는 것이죠.

'프리미엄 베이식'이라는 포지셔닝에 성공한 순간부터 고객은 큰 기대를 걸지 않아도 기본 이상의 만족을 누리게 됩니다. 과한 긴장 없이도 퀄리티를 신뢰할 수 있는 옷. 바로 그 안정감 덕분에 아페쎄는 충성도 높은 팬층을 확보할 수 있었죠. 물론 지금은 아크네처럼 브랜드 로고를 더 뚜렷이 드러내는 라인업이 많아졌지만, 아페쎄의 뿌리는 여전히 조용한 프리미엄이라는 정체성에 있습니다.

아페쎄는 화려하지 않지만 꾸준히 존재감을 유지합니다. 신뢰와 안정감을 주는 그런 꾸준함이야말로 파리지앵 스타일이 여전히 유효하다는 걸 보여주는 증거일지 모릅니다. 멋은 과시가 아니라 태도에서 비롯된다는 사실을 브랜드 차원에서 설득해낸 사례가 아페쎄입니다.

무심코 쓰는 물건

빅
Bic

"일상에서 무심코 쓰는 물건도 브랜드가 될 수 있을까?"

브랜드라는 인식조차 없이 누구나 알고 있는, 공기처럼 당연한 존재. 매거진〈B〉가 다뤄보고 싶은 브랜드였습니다. 그리고 그 대표적 사례가 빅입니다.

빅은 일용품을 만드는 회사로, 특히 볼펜과 라이터로 잘 알려져 있습니다. 잃어버려도 죄책감이 들지 않을 만큼 저렴하고, 어디서든 쉽게 구할 수 있죠. 그래서 생활 속에 자연스럽게 스며들었습니다. 급히 볼펜이나 라이터가 필요할 때 무심코 빅을 떠올리는 이유도 여기에 있습니다. 최고의 제품은 아니지만 낯설지 않은 안정감, 이게 바로 브랜드가 세상에 미칠 수 있는 가장 단순하면서도 깊은 영향력일지 모릅니다.

일용품 브랜드는 대체로 이미지 측면에서 불리한 조건을 안고 출발합니다. 하지만 빅은 촌스럽거나 투박하지 않습니다. 세련되거나 정교하진 않아도, 남 앞에서 굳이 감추고 싶지 않은 물건이죠. 오히려 "일회용치고는 꽤 잘 만든 디자인"이라는 평가를 받곤 합니다. 대표 제품인 크리스털 볼펜은 심지어 디자인 전문가들에게 여러 차례 인정받기도 했습니다. 의도적으로 조형미를 추구한 결과라기보다는 오랜 시간에 걸쳐 기능에 충실함으로써 차츰 설득력을 얻은 디자인이라 할 수 있죠. 그리고 지금은 이미 완성형에 도달했습니다. 더 이상 손볼 필요도, 바꿀 이유도 찾기 어려운 단계에 오른 것이죠.

많은 사람이 빅을 떠올릴 때 볼펜을 먼저 생각하지

만, 저는 라이터야말로 이 브랜드의 본질을 잘 보여준다고 생각합니다. 한 프랑스 유저는 〈B〉와의 인터뷰에서 이렇게 말했습니다.

"빅의 라이터를 쓰는 사람은 센스 있어 보이지만, (빅의) 면도기를 쓰는 사람은 주머니 사정이 좋지 않아 보인다."

라이터는 끝까지 쓰기보다 잃어버리는 경우가 많지만, 빅은 '아무' 일회용 라이터와는 다르다는 심리를 충족시킵니다. 아주 싼 물건을 쓰고 싶지는 않은 이들에게 일상 속에서 작은 기분 전환을 선사합니다. 브랜드가 부재한 시장에서 유일하게 브랜드로 기능하는 것이죠.

그렇기에 빅은 여전히 확장 가능성이 충분한 브랜드입니다. 모든 것이 디지털로 이동한 시대라 쉽지는 않겠지만, 여전히 의미 있는 기회를 품고 있습니다. 모나미Monami가 다양한 컬래버로 신선함을 만들어가고, 젤리 과자 하리보Haribo가 크록스Crocs와 협업해 새로운 이미지를 만들어냈듯 빅도 일상의 기억을 재해석할 수 있습니다. 몰스킨Moleskine이나 포스트잇Post-it이 각자의 방식으로 디지털 시대와 싸우며 여전히 유효한 브랜드로 남아 있는 것도 같은 맥락입니다.

우리들 일상에 축적된 기억은 정말 큰 자산입니다. 살면서 무심코 써온 물건들을 눈여겨 봐야합니다. 그곳에 분명 기회가 있습니다.

두 시대를 버틴 클래식

지샥
G-Shock

애플 워치Apple Watch가 등장한 순간, 우리가 알고 있던 전자시계는 또 다시 새로운 의미를 찾아야 했습니다. 이제 손목 위의 시계는 패션 액세서리이기도, 잘 때도 수면 기록을 위해 풀지 않는 건강관리 도구이기도 합니다. 그러나 역사를 조금 거슬러 올라가면, 카시오Casio 전자시계의 등장은 손목시계의 의미 자체를 바꿔놓은 혁신이었습니다. 한때 손목시계는 부유층의 전유물에 가까운 사치품이었죠. 하지만 일본 기업 카시오가 전자계산기 기술을 응용해 쿼츠Quartz 디지털시계를 대중화하면서 누구나 손쉽게 소유할 수 있는 물건으로 자리 잡았습니다. 내구성이 뛰어나고 기능은 다양하며 가격까지 합리적인 전자시계는 그 자체로 민주적이었습니다.

그 가운데 지샥은 독보적인 존재로 성장했습니다. 이제 흑백 액정 화면은 더 이상 디지털을 상징하지 않고, 오히려 그 투박한 화면과 육중한 디자인이 당대 기술과 미감을 응축한 아날로그의 산물로 사랑받고 있습니다. 그렇게 지샥은 과거에 대한 헌사이자 향수로 소비되며, 한편으로는 지금의 일상 속에서 클래식으로 자리 잡았습니다.

시계는 자신을 드러내는 도구입니다. 누군가는 정밀한 기계식 시계로 정체성을 증명하고, 또 다른 이는 시계를 손목에 차지 않음으로써 자기를 표현하죠. 예컨데 그란데클립 김봉진 의장 손목에는 3만원 상당의 카시오 데이터뱅크가 늘 채워져 있습니다. 그렇다면 지샥은 어떤 성향을 드러낼까요? 지샥을 고르는 이는 대체로 '튼튼하고 실용적인 물건을 선호하는 나'를 보여주고자 합니다. 지샥의 디자인은 단순한 실용성을 넘어섭니다. 만화 속 로봇을 연상케 하는 과장된 형태, 울퉁불퉁한 범퍼 같은 디테일은 기능적 강화임과 동시에 시각적 장치이기도 합니다. 사람들은 그것을 보며 '이 시계는 튼튼하다'고 직관적으로 받아들입니다. 기능과 언어, 실용과 상상이 절묘하게 조화를 이룬 셈입니다.

지샥은 처음 출시 후 10년 동안 판매가 부진했다고 합니다. 묵직하고 다소 장난감 같은 외형이 쉽게 매력적으로 다가오지 않았던 것이죠. 그러나 바로 그 비주류적인 모습이 시간이 지나면서 아이코닉한 매력으로 변주되었습니다. 초반에는 유희적 감각을 즐기는 소수가 선택했을 뿐이지만, 지금은 하나의 보편적 이미지로 자리 잡았습니다.

더 흥미로운 것은 지샥이 종종 롤렉스Rolex와 비교된다는 사실입니다. 가격이나 위상만 놓고 보면 전혀 다른 세계의 제품이지만, 두 브랜드의 철학에는 의외의 공통분모가 있습니다. 롤렉스는 원래부터 '튼튼한 실용 시계'를 지향해왔습니다. 방수 기능을 입증한 오이스터 케이스Oyster case는 탐험·잠수·항공·레이싱을 위한 현장 용도로 설계한 것입니다. 한 사용자가 자신의 롤렉스를 "수영할 때 차기 좋은 시계"라 말한 것은 허세만은 아닙니다. 롤렉스의 진가는 이처럼 실용성과 내구성에 있습니다.

바로 이 지점에서 지샥과 롤렉스는 맞닿아 있습니다. 각기 다른 가격대와 시장을 추구하지만, 둘 다 '실용성'을 자기 정당화의 근거로 삼고, 그것을 물성으로 구현한 디자인 언어를 통해 신뢰를 얻습니다. 하나는 고급 시계의 이름으로, 또 다른 하나는 대중적 시계의 이름으로 말이죠. 오늘날 손목 위에는 이 두 아이러니가 공존합니다. 그리고 디지털과 아날로그가 엇갈리며 클래식으로 남았습니다. 지샥이 이룬 성취는 바로 그 아이러니 속에 있습니다.

좋은 사람

툴레
Thule

기업인과 브랜드에 대해 이야기를 나눌 때면 종종 이런 말을 듣습니다.

"이름만 보고도 열광하는 팬이 있는, 그런 브랜드를 만들고 싶습니다. 그래야 오래 지속되는 비즈니스를 할 수 있을 것 같거든요. 그래서 비용을 들여 외부 컨설팅도 받고 내부에 전담팀도 꾸려봤는데, 딱히 좋은 아이디어가 나오지는 않더군요."

많은 브랜드가 사실상 경영진의 머릿속 '아이디어'로 출발합니다. 외부 컨설팅을 받는 것도 결국은 브랜드를 멋지게 바꿀 한 방의 아이디어를 찾기 위한 경우가 많습니다. 그러나 오래 지속되는 좋은 브랜드가 된다는 건 좋은 아이디어를 얻는 것과는 다릅니다. 그것은 오히려 '좋은 사람'이 되는 과정에 가깝습니다.

좋은 사람에게는 아이디어가 아닌 소신이 있습니다. 또 그 소신을 지켜내는 일관성이 있고, 때로는 더 편한 길을 포기할 줄 아는 용기도 있습니다. 참 좋은 사람이 되는 건 어렵습니다. 브랜드 역시 마찬가지입니다. 자기 생각, 일관성에 대한 믿음, 그리고 위험을 감수하는 용기. 이 세 가지는 어떤 브랜드 컨설팅으로도, 전담 부서의 노력으로도 만들어내기 어렵습니다. 외부의 조언을 구할 수는 있어도 정작 그 길을 걸어가는 힘은 브랜드의 내부에 축적된 역량이 좌우하기 때문입니다.

그런 의미에서 저는 스웨덴의 자동차 캐리어 브랜드 툴레를 좋은 브랜드의 좋은 예로 봅니다. 80여 년 전, 스웨덴의 한 농부가 설립한 툴레는 "자동차 지붕 위 빈 공간을 제2의 트렁크로 쓰자"는 단순한 발상에서 출발했습니다. 이후 툴레가 한 일은 단 하나, '짐을 안전하게 싣는다'는 원칙을 고집스럽게 지켜온 것입니다. 자동차 모델이 해마다 달라져도 툴레는 변하지 않는 시스템으로 모든 차종에 자기 존재를 확고히 심었습니다.

툴레의 제품은 기능을 넘어 라이프스타일의 상징이 되었습니다. SUV 지붕에 얹힌 스키 캐리어나 자전거 캐리어는 단순한 도구가 아니라 소비자의 정체성을 드러내는 상징입니다. 그러한 상징성은 루프 박스를 넘어 가방, 자전거 액세서리, 유아차로까지 확장되었습니다. 그렇게 새로운 카테고리에 도전하는 일은 결코 순탄하지 않았을 것입니다. 그러나 툴레는 늘 위험을 감수하는 선택을 해왔습니다.

그 배경에는 직원들이 있습니다. 툴레의 직원 대부분은 실제 아웃도어 마니아입니다. 이들의 일상 경험이 곧 제품 혁신의 원천이죠. "세상에서 가장 튼튼한 자동차 캐리어를 만들겠다"는 신념으로 똘똘 뭉친 집단은 자신이 겪은 불편을 해결하는 과정에서 새로운 제품을 탄생시켰습니다. 양쪽으로 열리는 루프 박스나 접어서 보관할 수 있는 모델은 모두 그러한 관찰에서 비롯된 것입니다. 그래서 툴레를 보면 '짐을 실어야 하는 문제는 무슨 수를 써서라도 해결할 것'이라는 확신이 생깁니다.

툴레의 성장은 이처럼 일관성을 지킨 태도 덕분입니다. 80년 넘게 묵묵히 '짐을 싣는 방식'이라는 하나의 문제를 파고들었기에, 좁은 카테고리에서 출발했음에도 아웃도어 라이프스타일 전체를 대표하는 이름으로 자리 잡을 수 있었습니다. 오늘날 툴레는 여전히 루프랙Roof rack과 캐리어의 대명사이지만, 제품의 카테고리를 넘나들며 이동 전반에 관여하는 브랜드로 진화했습니다.

툴레가 보여주는 일관성과 용기는 CEO 망누스 벨란데르Magnus Welander의 말과도 맞닿아 있습니다. "너무 스포티하지도, 그렇다고 너무 도시적이지도 않은, 그 중간 어딘가에서 섬세한 균형을 잡으려 한다." 툴레가 자동차 위에 얹는 짐에서 출발해 삶의 균형을 지탱하는 브랜드로 성장한 가장 단순하면서도 어려운 비밀은 여기에 있습니다.

한 장의 사진

%아라비카
%Arabica

교토 아라시야마 강가에 자리한 %아라비카(이하 아라비카) 매장은 제 기억 속에 깊이 각인되어 있습니다. 교토의 풍경과 어우러진 외관 때문만은 아닙니다. 매장 앞에 길게 늘어선 줄, 좀처럼 줄어들지 않는 인파가 만들어낸 장면이 제 눈길을 오래 붙잡았습니다. 결국은 기다림을 포기했지만, 한동안 그 풍경을 바라보며 묘한 감흥을 느꼈습니다.

아라비카는 분명 카페이자 커피 브랜드입니다. 그러나 교토 아라시야마 매장에서 사람들이 소비한 것은 단순히 커피가 아니었습니다. 그것은 하나의 '의식'이었습니다. 긴 줄을 서고, 커피를 마시고, 사진을 찍어 인스타그램에 올리는 과정까지 마쳐야 비로소 완성되는 일련의 경험. 흥미로운 건 아라비카와 교토 사이에는 본래 아무런 연고도 없다는 사실입니다. 아라비카는 2013년 홍콩에서 시작한 브랜드이며, 교토에서 커피를 재배한 것도, 교토 정신을 기초로 브랜드를 만든 것도 아닙니다. 2015년 교토의 상징적 장소에 매장을 열고 인스타그램에 사진을 남겼죠. 그 이후로 많은 사람이 아라비카를 교토 브랜드로 인식하게 됐습니다. 교토를 찾는 이들에게 오랫동안 교토의 정서를 함께 팔았기 때문입니다.

아라비카가 교토 이미지를 통해 얻은 것은 글로벌 프랜차이즈 확장의 기회였습니다. 프리미엄을 지향하는 브랜드는 흔히 직영 시스템을 통해 퀄리티를 통제하지만, 아라비카는 프랜차이즈 모델을 선택했습니다. 전 세계 각국, 심지어 일본 내에서도 파트너를 두고 일정한 속도로 매장을 늘렸습니다. 매출의 안정성을 확보하면서도 브랜드의 프리미엄 이미지를 유지했다는 점에서 놀라운 균형이었습니다. 커피의 진정성을 강조한 인텔리젠시아, 경험을 통제한 블루보틀, 글로벌 확장의 교본이 된 스타벅스의 장점을 절묘하게 섞었습니다.

창립자 케네스 쇼지Kenneth Shoji는 〈B〉와의 인터뷰에서 "스페셜티 커피는 괴짜스러움을 우선시하곤 하지만, 나는 괴짜 같은 사람이 아니다. 나는 일반적인 방식으로 사업을 운영한다"라고 말했습니다. 커피는 기본만 지켜도 충분하며, 비즈니스는 열린 자세로 모든 걸 흡수하되 매장 경험만큼은 치밀하게 통제한다는 태도. 그의 배경을 생각하면 이해가 됩니다. 어린 시절부터 세계를 여행하며 스스로를 '코즈모폴리턴'이라 정의해 온 그는 '일본'이라는 뿌리를 지니면서도 무국적의 감각을 삶 속에서 자연스럽게 체화했습니다. 발리에서 서핑을 즐기고, 세계 도시를 오가며 영감을 얻는 그의 생활 방식 자체가 아라비카의 세계관과 닮아 있습니다.

만약 그가 평생 교토에서만 살았다면 그 도시의 이미지를 전략적으로 차용할 수 있었을까요? 오히려 거리감이 있었기에 교토라는 전통적 장소를 글로벌 브랜드의 출발점으로 삼는 선택을 할 수 있었던 것입니다. 인스타그램에 올라온 단 한 장의 매장 사진이 곧 브랜드를 정의했고, 손바닥만 한 공간이 글로벌 체인의 발판이 되었죠. 이는 수많은 성공 사례 중에서도 특별히 눈길을 끄는 대목입니다.

이 같은 성공이 단순한 우연이었을까요? 저는 계획된 비전이라고 생각합니다. 홍콩에서 시작했음에도 교토 이미지를 차용해 브랜드의 정체성을 다지고, 그것을 세계로 확장하겠다는 전략을 차곡차곡 실현한 것이지요. 브랜드를 만들고자 하는 이들은 여기서 중요한 질문을 떠올려야 합니다. 만약 당신이 한 장의 사진으로 브랜드를 정의해야 한다면, 어떤 장면을 만들고 싶은가요?

매장에서 원액을 희석하고 병에 담아, 라벨을 프린트해서 붙이는 르라보의 고객 경험
© 리처드 최Richard Choi

아크네 스튜디오의 브랜드를 상징하는 '아크네 핑크' 쇼핑백 ©안상미

사용자 경험을 위해 높이 조절까지 세심하게 설계한 발뮤다의 그린팬 선풍기 ©매거진〈B〉

블루보틀 성수 카페. 조 나가사카와 협업한 국내 최초의 매장으로 블루보틀의 공간 경험과 미학이 잘 드러난다. ⓒ블루보틀 성수 카페, 블루보틀 커피 코리아

빅의 J5 미니 일회용 가스라이터 ⓒ박성훈

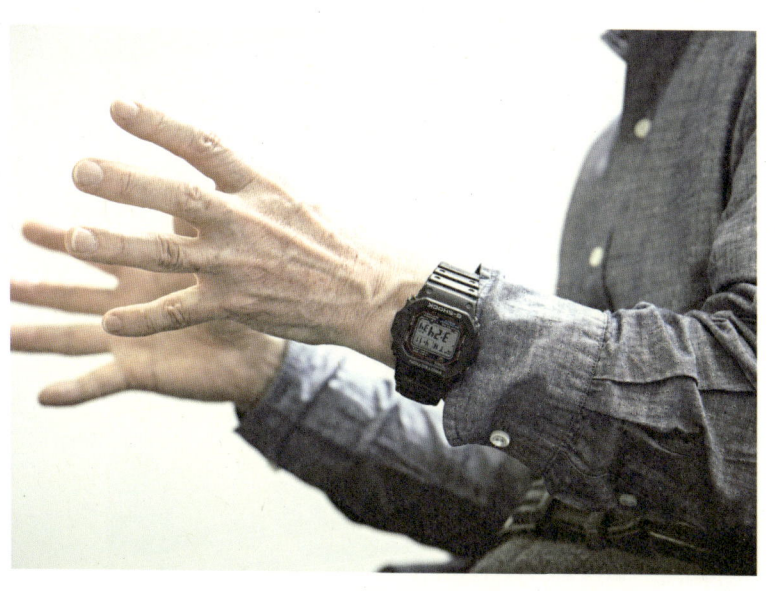

지샥를 발명한 카시오의 엔지니어 이베 키쿠오Kikuo Ibe와의 인터뷰 중
그가 착용하고 있는 지샥 ⓒ신규식

9개의 도구를 하나로 모아놓은 조셉조셉의 네스트 9 플러스Nest 9 Plus ⓒ박성훈

아웃도어 라이프스타일을 즐기는 사람들에게 짐을 안전하게 싣도록 돕는 툴레 ©Thule

아페쎄의 정체성을 드러내는 대표적인 아이템인 셀비지 진 ⓒ윤송이

%아라비카를 알리게 된 '단 한장의 사진'을 담은 인스타그램 포스팅
© %아라비카 공식 인스타그램

회백색의 접시들을 무심한듯 겹치고 쌓아서 진열한, 아스티에 드 빌라트의 서울 한남동 매장 ©매거진〈B〉

계획된 자연스러움

르메르
Lemaire

 르메르에 대해서라면 할 말이 많습니다. 최근 몇 년간 깊이 빠져 있는 브랜드이자, 실제로 제 옷장에도 몇 벌이 자리하고 있거든요. 르메르를 입으면서 옷을 바라보는 관점 자체가 바뀌었습니다. 예전에는 몸에 딱 맞는 옷을 선호했고, 여유로운 실루엣은 제 체형에 맞지 않는다고 생각했습니다. 하지만 르메르의 옷을 경험하며 알게 되었죠. 옷과 신체 사이에 만들어지는 공간감이 주는 새로운 아름다움을 말입니다. 물론 이 매력은 동시에 함정이 되기도 합니다. 흔히 루스 핏은 체형을 감춘다고 생각하지만, 르메르 옷은 오히려 마른 체형일 때 더 완성도 높게 드러나는 경우가 많습니다.

그럼에도 르메르가 지향하는 핵심은 '자연스러움'입니다. 입는 사람의 몸과 움직임을 그대로 받아들이고, 그 안에서 옷이 완성되도록 여백을 남겨둡니다. 디자이너가 완결하는 것이 아니라, 입는 이가 완성의 주체가 되도록 하는 것이죠. 대표작인 크루아상 백은 '오브제로서의 가방'을 강조하는 여타 럭셔리 브랜드와 달리, 옷과 이어지듯 평면적이고 유연한 형태를 띱니다. 또한 색상에서도 채도 낮은 색상의 미묘한 차이를 섬세하게 다루면서 르메르만의 고요한 감각을 구현합니다. 상당히 까다로운 색들을 섬세하고 아름답게 풀어내죠.

이러한 감성은 플래그십 스토어에서 절정을 이룹니다. 서울 한남동 매장은 상업적 거리가 아닌 주택가의 양옥 건물을 택했고, 내부는 동양적 정서가 묻어나는 무척이나 따뜻한 공간으로 꾸몄습니다. 도쿄 에비스

매장은 한층 더 강렬합니다. 1960년대 일본 주택의 구조를 그대로 살렸죠. 제품으로 빽빽하게 채우는 대신 옷과 공간을 연결하는 감각적 경험을 위해 비워둔 여백이 인상적입니다. 고객이 원하는 옷은 직원이 별실에서 직접 가져다주는데, 시선이 옷에 매몰되지 않고 공간과 감성을 먼저 느끼도록 의도한 것입니다.

르메르의 감성은 브랜드가 디렉팅한 '유니클로 U'로 이어집니다. 유니클로는 U라인을 통해 브랜드 미학의 수준을 높였고, 르메르는 디자인적 가치를 대중화하는 창구를 얻었습니다. 두 브랜드의 가치가 서로 증폭된 셈입니다. 제 옷장 안에서도 르메르와 유니클로 U의 옷은 자연스럽게 공존합니다.

르메르는 언제나 기능에 충실한 옷을 만들되, 그 기능성 자체가 곧 아름다움으로 이어지도록 합니다. 기본적인 실루엣과 착용 방식을 정교하게 디자인함으로써 실용성과 미학을 동시에 추구합니다. 시간이 흘러도 그 가치는 줄어들지 않죠. 그래서 르메르의 매력은

'정교하게 계획된 자연스러움'이라는 역설 속에서 빛납니다.

식탁 위의 품격

산펠레그리노
San Pellegrino

고급 다이닝 레스토랑에서 탄산수를 주문하면 대개 녹색 병에 담긴 산펠레그리노가 테이블 위에 놓입니다. 다른 브랜드가 나오면 왜 산펠레그리노가 아닌가, 하는 의문이 들 정도죠. 이탈리아 미네랄 워터 산펠레그리노는 고급 레스토랑에서 이미 탄산수의 표준으로 자리 잡았고, 누구도 그 독점적 위상에 이의를 제기하지 않습니다. 이는 단순히 유통의 힘이나 가격 경쟁력만으로 설명되지 않습니다. 산펠레그리노는 오랜 시간 고급 식문화 속에서 '안전한 선택'이자 '품격 있는 기본값'으로 굳건히 자리를 지켜왔습니다.

대부분의 사람은 탄산수를 어떻게 고를까요? 대표 브랜드인 페리에Perrier와 산펠레그리노를 비교해보면 차이가 선명합니다. 페리에는 탄산이 거칠고 강해서 목을 따끔하게 자극하는 반면, 산펠레그리노는 상대적으로 목 넘김이 부드럽습니다. 덕분에 섬세한 요리와 곁들여 여러 차례 마셔도 부담이 없고, 호불호를 가르기 힘든 중용의 미감을 보여줍니다. 한편, 페리에 같은 강한 탄산은 활기 넘치는 분위기에서 블렌디드 음료나 칵테일 베이스로 더 빛을 발합니다. 이처럼 각 브랜드의 물성이 곧 사용 맥락을 좌우하죠. 그런 가운데 산펠레그리노는 다이닝 테이블이라는 핵심 현장에서 최적의 파트너로 선택받은 것입니다.

또 하나 주목할 요소는 보틀과 라벨 디자인입니다. 산펠레그리노의 클래식한 병과 별 문양의 라벨은 와인 레이블을 연상시키며, 테이블 위에서 음식과 자연스럽게 어울립니다. 식탁의 격조를 높여주는 이런 시각적

효과는 경쟁 브랜드가 쉽게 모방할 수 없는 자산입니다. 레스토랑 입장에서도 가격 차이가 크지 않다면 굳이 다른 탄산수로 모험을 감행할 이유가 없죠. 미묘한 품질 차이나 새로운 콘셉트보다 산펠레그리노의 안정감과 신뢰가 더 크게 작동하기 때문입니다.

산펠레그리노의 전략은 단순한 제품 영업을 넘어섭니다. '월드 베스트 레스토랑 50' 같은 세계적 다이닝 어워드에 대한 장기적인 후원이 이를 단적으로 보여줍니다. 이처럼 산펠레그리노는 단순한 탄산수가 아니라, 미식의 파트너이자 미식 문화의 일부로 자리매김되고자 노력했습니다. 탄산수가 음료를 넘어 '식사의 동반자'로 인식된 것은 이러한 전략과도 긴밀히 맞닿아 있습니다.

부드러운 탄산의 균형, 보틀 디자인이 만들어내는 품격, 그리고 오랜 시간에 걸쳐 쌓인 신뢰가 산펠레그리노를 이렇게 식탁 위의 '조용한 기준'으로 만들었습니다. 화려한 차별화보다 안정된 일관성을 택한 결과,

산펠레그리노는 어느 자리에 올려도 어색하지 않은 물, 즉 식탁의 공기를 완성하는 브랜드가 되었죠.

식탁 위의 물 한 병이 이렇게 많은 이야기를 품을 수 있다는 사실이 흥미롭습니다. 산펠레그리노는 '무엇을 마시느냐'보다 '어떤 마음으로 식탁에 앉느냐'를 보여주는 상징입니다. 이 정도 가격으로 식탁 위의 품격을 완성할 수 있다면, 그 자체로 훌륭한 브랜드입니다. 그리고 산펠레그리노와 페리에, 그리고 블루보틀 커피까지 모두 소유한 네슬레가 새삼 더 대단하게 느껴집니다.

판타지 스토리텔링

록시땅
L'occitane

화장품은 그 속성상 제품을 접하자마자 어떤 부분이 좋고 나쁜지 정확히 인지하기가 쉽지 않습니다. 그래서 브랜드 선택의 순간에 개입하는 것은 제품 자체의 속성보다는 이미 갖고 있는 브랜드 이미지이거나 전달자의 코멘트입니다. 제품을 소개하는 누군가의 말 한마디가 결정적 힘을 발휘하죠. 화장품업계는 바로 이런 '설명 가능한 경험'을 전제로 마케팅 기획을 수립해야 합니다.

그런 맥락에서 록시땅은 독특한 위치를 점한 브랜드

입니다. 그들의 가장 강력한 자산은 제품보다 프로방스라는 지역의 판타지입니다. '내추럴하다', '자연주의를 지향한다' 정도의 말만으로는 수많은 경쟁 브랜드 사이에서 차별화되기 어렵습니다. 하지만 프로방스라는 매력적인 이름이 등장하면 이야기는 달라집니다. 햇살과 라벤더밭, 올리브와 와인의 향취가 겹쳐지며 '자연주의'라는 단어가 하나의 풍경으로 전환되죠. 사람들은 그 지역을 직접 가보지 않았음에도 풍문과 이미지로 구축된 장면 안에 자신을 놓고 상상할 수 있습니다. 그 상상은 종종 실제 경험보다 더 진한 몰입감을 줍니다.

록시땅은 이러한 판타지를 철저히 스토리텔링합니다. 매거진⟨B⟩가 취재할 당시에도 그들은 글로벌 기자와 에디터를 프로방스로 초청해 몇 날 며칠 동안 그 지역의 문화와 풍경을 체험하게 했습니다. 녹음 짙은 전원에 마련된 테이블에서 시원한 로제 와인을 나누고, 햇볕이 내리쬐는 언덕을 걸으며 꽃과 나무를 만났죠.

이는 단순한 제품 설명회가 아니라, 브랜드의 세계관 속으로 직접 초대하는 연출이었습니다. 록시땅이 뷰티 브랜드인 동시에 지역 홍보대사처럼 움직이는 이유가 여기에 있습니다. 프로방스라는 이야기가 지속되어야 록시땅 역시 그 매력을 이어갈 수 있기 때문입니다.

록시땅 이야기를 할 때 시어버터 핸드크림을 빼놓을 수 없습니다. 오늘날 이 제품은 '선물용 핸드크림'이라는 시장 자체를 정의해버린 사례가 되었죠. 그 비밀은 선물을 주는 사람이 건네는 한마디 설명에 있습니다. "이건 프랑스 프로방스에서 온 브랜드야." 단 한 문장으로 충분합니다. 브랜드에 대한 사전 지식이 전혀 없는 사람도 그 말만으로 긍정적 이미지를 연상할 수 있습니다. 자연에서 유래한 좋은 재료, 전통적 레시피, 햇살과 바람이 깃든 풍경이 함께 떠오르지요. 이처럼 설명하기 쉽고 선물하기 쉬운 브랜드라는 점에서 록시땅은 안정적입니다.

이 단순화된 스토리텔링은 화장품을 넘어 다른 분

야에도 힌트를 줍니다. 중요한 건 사실 여부가 아니라, 사람들이 믿고 싶어 하고 소비하고 싶어 하는 이미지를 제공하는 상상력입니다.

결국 록시땅이 보여주는 교훈은 이렇습니다. 좋은 화장품을 만드는 것만으로는 부족하다는 것이죠. 그것을 둘러싼 세계관, 요컨대 소비자가 쉽게 설명하고 공유할 수 있는 이야기가 함께 존재해야 합니다. 브랜드란 사람들이 입으로 전하는 이야기의 다른 이름이기 때문입니다.

위트 한 스푼

헤이
Hay

〈B〉의 헤이 이슈에서 한 인터뷰이가 이런 말을 했습니다. "덴마크에서 가구 비즈니스를 한다는 건 너무 가혹하다." 인테리어와 디자인에 대한 덴마크 사람들의 눈높이가 워낙 높아 웬만한 감각이 아니면 살아남기 어렵다는 뜻입니다. 이는 과장이 아니라 사실입니다. 북유럽 어디를 가더라도 좋은 가구를 대를 물려 쓰는 문화가 자리 잡고 있습니다. 아무 가구나 사서 쓰고 버리는 일을 경계하는 사회라는 걸 짐작할 수 있죠. 헤이는 바로 이런 디자인 엘리트 국가에서 태어난 브랜드입니다. 흥미로운 것은 헤이 안에 덴마크 디자인의 DNA와 그것에 저항하는 자유로운 정신이 동시에 존재한다는 점입니다. 클래식 가구 특유의 엄숙함을 덜어내고, 그 위에 가벼운 위트를 얹은 디자인. 이 절묘한 균형이 헤이의 개성을 만듭니다.

헤이는 기능 위에 위트를 더하는 작업을 지속해왔습니다. 그 덕분에 이케아와 하이엔드 브랜드 사이의 빈틈을 메우며, 양쪽 극단이 시도하지 못하는 것을 산뜻하게 제안합니다. 가구를 꼭 진지하게 대하지 않더라도, 마음이 자연스럽게 가는 물건을 고를 수 있도록 선택지를 열어주는 것이 헤이의 방식입니다.

저는 이 브랜드의 성격을 디자이너적 사고에서 찾습니다. 기획부터 판매까지, 즉 처음부터 끝까지 디자인으로 관통하는 것, 이른바 '디자인을 위한 디자인'입니다. 헤이의 소파와 테이블, 마름모꼴 트레이와 가위 같은 소품들을 보면 디자이너의 순수한 의도가 고스란히 느껴집니다. 디자인을 사랑하고, '디자인된 것'에 둘러

싸이고 싶은 이들이 만든 물건이라는 인상이 들죠. 헤이는 하나의 세계관이 될 만큼 견고한 라인업을 차곡차곡 쌓아 올리며 '헤이 스타일'을 만들어냈습니다. 가구 몇 점과 앙증맞은 소품에 머물지 않고, 주방과 아웃도어까지 영역을 확장하며 토털 라이프스타일 브랜드로 자리매김했습니다.

특히 주목할 만한 것은 가구와 생활 소품을 대등한 비율로 구성해 직접 모든 걸 지휘한다는 점입니다. 보통은 가구에 집중하면서 소품을 구색용으로 내놓거나, 소품에 주력하면서 몇몇 아카이브 피스로 가구 라인을 유지하는 게 일반적입니다. 그러나 헤이는 가구와 소품을 모두 동일한 무게로 다루며 자신만의 세계를 확장했습니다.

그중에서도 소품은 독특한 힘을 지닙니다. 꼭 필요하지는 않지만 두고 보면 감각을 깨우는 물건들. 헤이는 이 카테고리를 정밀하게 공략합니다. 특히 헤이를 모르는 사람에게 선물했을 때 성공 확률이 높습니다.

주는 사람도 받는 사람도 기분이 좋아지고, 이 작은 선물의 순환이 헤이라는 이름의 인지도를 점차 끌어올립니다. 쓰임새가 생각만큼 요긴하지 않더라도 말입니다.

얼핏 작은 브랜드처럼 보여도 헤이는 2019년 허먼 밀러Herman Miller에 인수될 당시 연 매출이 약 1,800억 원에 달했습니다. 2024년에는 2,400억 원의 성과를 올렸고요. 디자인 중심의 브랜드이지만, 사업가로서 기질이 대단하다는 걸 보여주는 대목입니다. 디자인에 대한 깊은 애정으로 시작해 세계적 라이프스타일 브랜드로 성장한 헤이. 많은 디자이너가 헤이를 롤모델로 꼽는 이유가 여기에 있습니다.

유머와 여유

메종 키츠네
Maison Kitsuné

지금의 메종 키츠네(이하 키츠네)는 패션에 조금이라도 관심 있는 사람이라면 누구나 아는 이름이 되었습니다. 그러나 그 시작은 소수의 팬덤이 만들어낸 작은 연대감에서 비롯되었죠. 도쿄와 파리에만 매장을 두고 별다른 광고나 마케팅도 하지 않았지만, 알아보는 이들 사이에서는 '쿨한 브랜드'로 통했습니다. 일본 특유의 완성도와 프랑스적 감성이 어우러진 옷은 과하게 패셔너블한 스타일을 경계하는 이들에게 특히 매력적으로 다가왔습니다. 전형적인 패션 문법을 따르지 않는다는 이유로, 그 옷을 입는 일 자체가 일종의 지적 우월감과 유머를 공유하는 신호같았습니다.

키츠네의 존재감을 각인시킨 건 단연 여우 로고였습니다. 라코스테Lacoste의 악어나 폴로 랄프 로렌Polo Ralph Lauren의 기수처럼 전통적인 로고 플레이를 떠올리게 하면서도, 어딘가 엉뚱하고 귀여운 여우 패치 하나만으로 클래식한 문법을 유쾌하게 비틀었습니다. 엄숙하지도 조잡하지도 않은 절묘한 균형 속에서, 이 로고는 하나의 언어처럼 기능했지요. 지금의 키츠네를 만든 동력의 절반 이상이 바로 여기에 있다고 해도 지나치지 않을 것입니다.

이러한 브랜드 구축 방식은 창업자 두 사람의 개인적 감각에서 비롯된 것으로 보입니다. 전자음악 듀오 다프트 펑크Daft Punk의 매니저 출신 프랑스인과 건축 업계에서 경험을 쌓은 일본인. 이들이 멋지다고 느낀 것을 옷과 음악, 카페와 굿즈, 복합 문화 공간으로 흘려보내듯 전개한 것이 곧 브랜드의 컨셉이 되었습니다.

전문 컨설팅이나 치밀한 전략이 있었던 게 아니라, 창립자 개인의 취향과 삶이 브랜드 자체로 상품화된 것입니다. 창립자의 라이프스타일을 동경하는 이들이 브랜드와 결속되면서 키츠네는 자연스레 '사람의 브랜드'로 자리매김했습니다.

결속과 소속감은 키츠네 같은 브랜드의 성장에 강력한 동력이 됩니다. 최근 젊은 세대가 지지하는 브랜드 상당수는 커뮤니티적 결속을 자산으로 삼고 있습니다. 단순한 티셔츠 하나라도 브랜드가 지닌 문화를 입히면, 그것은 옷을 넘어 '나'를 드러내는 기호로 작동합니다. 실제로 한국의 아이앱 스튜디오IAB Studio는 스태프들의 복장을 우연히 공개한 것이 이미지 확산으로 이어져 정식 의류 사업으로 발전하기도 했습니다. 브랜드의 본질은 제품의 기능과 품질에 있기도 하지만, 사람을 끌어당기는 힘은 종종 '그 무리에 속하고 싶다'는 마음에서 비롯됩니다. 전자음악 레이블에서 출발한 키츠네가 이런 흐름을 유리하게 탈 수 있었던 것도 같은 맥락입니다.

하지만 오늘날의 키츠네는 더 이상 작은 집단만의 소속감을 제공하기 어렵습니다. 로고 플레이는 수많은 협업을 거치며 반복되었고, 피로감을 호소하는 이도 늘어났습니다. 그럼에도 브랜드가 여전히 생명력을 유지할 수 있는 건 프랑스와 일본이라는 두 문화의 미묘한 공존 덕분입니다. 아시아권 소비자에게는 프랑스적 세련됨이, 서구권 소비자에게는 일본적 섬세함이 매력적으로 다가오는 것이죠. 프랑스 브랜드인데 프랑스답지 않고, 일본 브랜드인데 일본답지 않은 이런 이중성이 키츠네만의 정체성을 규정하는 핵심입니다. 브랜드명 '메종(집, 프랑스어) + 키츠네(여우, 일본어)' 역시 단순한 언어 결합이 아니라, 서로 다른 문화에 대한 선망을 연결시켜 만든 교집합입니다.

키츠네라는 이름 안에는 정교하게 설계된 전략보다는 유쾌함과 여유로움이 크게 자리합니다. "너무 진지하게 묻지 말고, 그냥 즐기면 되지 않을까?" 이는 유머와 여유로 표현되며, 때로는 삶의 무게를 덜어내는 장치처럼 작동합니다.

빈 페이지 이야기

몰스킨
Moleskine

우리가 평소에 메모하거나 끄적이는 건 그리 대단한 일이 아닙니다. 그럼에도 많은 이가 굳이 몰스킨 노트를 찾는 이유는 단순한 기록을 넘어 잘 보관하고 싶다는 마음 때문일 겁니다. 사실 몰스킨은 편리한 노트가 아닙니다. 페이지를 쉽게 뜯어낼 수도 없고, 한번 잘못 쓰면 전체를 망친 듯한 기분이 들기도 합니다. 처음부터 끝까지 일정하게 써 내려갈 때에만 비로소 만족을 주는 노트. 자유롭게 쓰기엔 까다롭지만, 그래서 오히려 소장 욕구를 자극합니다. 이런 특성은 디지털 시대에 더욱 의미 있게 다가옵니다. 다소 역설적이지만, 몰스킨이 노트 하나로 살아남은 비결이 여기에 있습니다.

지금은 스마트폰 화면 속 메모장 앱이 노트 역할을 하는 시대입니다. 그렇기에 몰스킨 노트는 '쓸모' 때문에 소비되는 것이 아니라, 오히려 쓸모없음에서 비롯된 상징성을 갖습니다. 몰스킨처럼 클래식한 노트는 '무언가를 남기고 싶다'는 막연한 감정을 투사하는 매개체입니다. 인간은 아주 오랫동안 펜을 사용해 종이에 뭔가를 적는 행위에 특별한 의미를 두어왔죠. 그런 특별한 마음을 담아내기에 몰스킨만큼 적합한 노트도 드뭅니다.

매거진〈B〉에서 소개한, 몰스킨을 자기 방식대로 채워가는 이들의 모습은 정말 상상을 초월합니다. 누군가의 정갈하고 아름답게 정리된 페이지를 보면 '나도 저렇게 기록을 남기고 싶다'는 마음이 불쑥 샘솟지요. 사실 기대만큼 활용하지 못해도 괜찮습니다. 중요한 건 '쓰고 싶다'는 마음을 잃지 않는 겁니다. 그건 우리의 인간성에 남아 있는 마지막 희망 같은 거죠.

겉모습만 보면 몰스킨은 인조가죽 커버, 고무 밴드, 둥근 모서리 같은 물리적 특징을 지닌 단순한 노트일 뿐입니다. 그러나 몰스킨의 진짜 힘은 형태보다 '복각(Re-edition)'이라는 개념에 있습니다. 몰스킨의 원형은 19~20세기 초 유럽으로 거슬러 올라갑니다. 당시에는 예술가와 작가들이 즐겨 쓰던 노트, 이름도 없는 소규모 제본업자들의 제품이었습니다. 1980년대 들어 생산이 끊겼던 그 노트를 1990년대 후반 이탈리아의 한 출판사가 '몰스킨'이라는 이름으로 되살려냈습니다. 그러면서 단순한 복원에 그치지 않고 과거 피카소, 반 고흐, 헤밍웨이 같은 거장들이 사용했다는 스토리를 지속적으로 덧입혀 브랜드의 정체성을 구축했습니다.

브랜드는 오랜 역사와 전통 속에서 태어날 수 있지만, 그것만으로는 사랑받지 못합니다. 사람들이 무엇을 원하고 좋아하는지, 그 감각의 코드를 정확히 읽어낼 때에야 비로소 브랜드가 시작됩니다. 몰스킨이 포착한 것은 단순한 노트의 외형이 아니라, 그 뒤에 얽힌 이야기였습니다. 과거의 흔적을 엿보고 싶어 하는 마음을 스타일로 복각해 오늘의 소비로 이끈 것이지요.

미국 노동자의 작업복, 유럽 군인의 신발, 예술가들이 쓰던 노트. 이런 복각 아이템이 꾸준히 사랑받는 이유는 그 안에 서사가 담겨 있기 때문입니다. 이야기가 곧 브랜드의 시작이자 끝입니다. 몰스킨은 쓰이지 않은 빈 노트로 남아 있어도 이미 이야기를 품고 있기에 단순한 문구 제품을 넘어 하나의 브랜드로 존재합니다.

미디어가 된다는 것

미쉐린 가이드
Michelin Guide

보디빌딩을 하는 사람들이 음식에 대해 쓰는 흥미로운 표현이 있습니다. 바로 '급원(給源)'이라는 용어입니다. 단백질은 닭가슴살이나 생선으로, 탄수화물은 곡물 가루나 바나나 같은 과일로, 마치 연료처럼 영양소를 계산해 섭취할 때 쓰는 단어죠. 음식을 기호가 아니라 에너지 공급원으로 보는 겁니다. 반대로, 미식가에게 식사는 영양소를 넘어 그 자체로 경험에 의미를 부여하는 행위입니다. 저는 그렇다고 해서 미식가를 까다로운 입맛이나 예민한 감각을 가진 사람이라고 한정

짓고 싶지는 않습니다. 음식에 대한 평가는 언제나 맥락 속에서 달라지기 때문입니다. 같은 음식이라도 얼마나 배고플 때 먹는지, 어디서, 누구와, 어떤 이야기를 나누며 어떤 순서로 먹는지에 따라 완전히 다른 경험이 되니까요. 한번 방문한 식당의 음식을 두고 단정적으로 "맛있다" "맛없다" 말하는 건 오히려 우리의 소중한 경험을 납작하게 만들어버리는 일이죠.

최근 넷플릭스의 예능 프로그램 〈흑백요리사〉를 보면서도 비슷한 생각이 들었습니다. 참가한 요리사 대부분은 마음만 먹으면 누구나 우승자 수준의 요리를 만들어낼 수 있을 겁니다. 주제넘는 얘기일 수도 있지만, 일정 수준의 역량과 경험을 갖추면 혀에 맛있게 느껴지는 음식을 만드는 일은 생각보다 쉽다고 생각합니다. 그러나 그저 '맛'만으로는 음식을 설명할 수 없습니다. 음식에는 트러플처럼 당장은 맛있게 느껴지지 않아도 오래도록 기억에 남는 것이 있고, 반대로 케첩처럼 충분히 맛있지만 별다른 의미 없이 소비되는 것도 있습니다. 결국 음식의 가치는 '맛'의 절댓값이 아니라, 그 안에 담긴 맥락과 이야기 그리고 경험의 깊이에서 비롯된다는 얘깁니다.

이 지점에서 〈미쉐린 가이드〉의 순기능과 역기능을 떠올리지 않을 수 없습니다. 저는 최근 〈미쉐린 가이드〉의 별 등급에 대해서만큼은 공감하지 못하는 경우가 많았습니다. 특히 서울에서 그랬죠. 사실 '어떤 기준으로 누가 식당에 등급을 매긴다는 말인가?'라는 논란이 끊이지 않는 게 사실입니다. 그런데 이런 비판조차도 〈미쉐린 가이드〉의 영향력을 더욱 공고히 만듭니다. 각 나라의 식문화와 맥락을 고려했을 때, 여러 관점에서의 의문은 충분히 제기될 수 있겠죠. 하지만 아이러니하게도 비판이 거세질수록 〈미쉐린 가이드〉는 더 강력한 미디어로 자리매김하는 것 같습니다.

〈미쉐린 가이드〉는 120여 년 전 자동차 여행을 장려하기 위한 타이어 회사의 마케팅 도구로 출발했습니다. 지금은 이 이야기가 흥미로운 에피소드로만 회자

될 뿐 누구도 〈미쉐린 가이드〉 때문에 미쉐린 타이어를 고르지는 않죠. 오히려 〈미쉐린 가이드〉는 호텔까지 확장되며 독립된 미디어이자 수익을 추구하는 비즈니스로 성장했습니다. 그 안에서 음식은 점수와 별의 개수가 아니라, 이야기와 서사를 통해 또 다른 세계로 확장됩니다.

〈미쉐린 가이드〉가 보여주는 건 단순히 '식당이나 호텔의 등급화'가 아닌 미디어의 힘이며, 미디어는 그 지속성과 맥락 속에서 탄생합니다. 음식이 급원에 머물지 않고 미식으로 확장되듯, 브랜드와 미디어 역시 순간의 자극을 넘어 켜켜이 쌓여야 만들어 집니다. 그렇게 만들어진 '미쉐린'이라는 막강한 미디어의 성장을 지켜보며 늘 배우고 있습니다.

성실한 사람들

유튜브
YouTube

유튜브가 처음 나왔던 때, 후배로부터 "앞으로는 유튜브가 세상을 지배할 것"이라는 말을 듣고 선뜻 공감하지 못했습니다. 영상은 아무나 쉽게 만들 수 없고, 사진이나 텍스트와 달리 큰 용량의 데이터를 손쉽게 주고받는 것도 현실적이지 않다고 여겼기 때문입니다. 그러나 제 예상은 완전히 틀렸죠. 지금의 저는 유튜브를 늘 무언가를 배우는 교재이자 삶의 일부로 받아들이고 있습니다. 그만큼 유튜브는 이야기할 거리가 무궁무진한 미디어 플랫폼이자 브랜드입니다.

유튜브를 기존 미디어와 가장 뚜렷하게 구분 짓는 특징은 추천 알고리즘입니다. 전통적 방송국은 사용자가 채널을 '선택'하는 정도의 권한만 가질 수 있지만, 유튜브는 다릅니다. 유튜브는 메인 피드와 재생 영상 아래 배치하는 추천 콘텐츠를 사용자가 구독한 채널보다도 우선시하죠. 편성 및 배급과 관련한 권력이 방송사에서 데이터와 알고리즘으로 옮겨간 것입니다. 불특정 이용자의 피드에 알고리즘으로 편성되기 위해서는 자극적 홍보도, 화려한 장치도 필요하지 않습니다. 오직 '끝까지 시청하게 만들어 진짜 몰입하도록 하는' 빅데이터의 축적만이 힘을 발휘할 수 있습니다.

그렇다면 수많은 구독자를 거느리며 새로운 미디어의 주체가 된 유튜버들은 어떻게 성장했을까요? 제가 관찰한 결과, 그들의 공통점은 의외로 단순했습니다. 그들은 '자극적인 콘텐츠 생산자'가 아니라 '성실한 사람들'이었습니다. 잠깐의 자극은 쉽게 소비되지만, 성실하고 매력적인 사람은 '다시 보고 싶다'는 욕망을 남기죠. 유튜브가 가져온 변화는 이런 점에서 역설적입니다. 인공지능 알고리즘이라는 기술적 장치가 아이러니하게도 가장 인간적인 미디어를 만들어낸 것입니다. 모든 구독자에게 각기 다른 피드를 구성해주는 로직Logic은 곧, 각자에게 맞는 '인간적 연결'을 가능케 합니다. 인공지능에 대해 막연히 거리감을 갖고 있던 저조차 이 현상을 접하며 생각을 달리하게 되었죠. 물론 동시에 알고리즘의 노예가 되지 않으려 늘 기싸움을 벌이긴 하지만요.

크리에이티브한 유튜브 스타가 되어 돈을 잘 벌고 싶은 마음에 더 좋은 장비와 더 멋진 편집 기술을 알아보고 있다면, 잠시 그 일을 멈춰보라고 말하고 싶습니다. 대신 아주 사소하더라도 깊이 몰입하는 '나다운 삶의 시간'이 존재하는지, 그리고 혹시 나에게 '성실함'이 부족하지는 않은지 살펴봐야 합니다. 폰으로 촬영하고 편집해도 좋은 콘텐츠는 바로 거기에서 출발하니까요.

끝은 로컬이다

에어비앤비
Airbnb

사회 초년생 시절, 저는 자주 떠나지 못하는 해외여행을 늘 갈망했습니다. 가보고 싶은 여행지와 경험해보고 싶은 호텔 리스트가 끝이 없었죠. 여행으로 도착한 도시에서는 지역 전체를 빠짐없이 다 보고야 말겠다는 마음이 늘 앞섰습니다. 특히 숙박에서는 미리 점찍어둔 호텔에 하루씩 체크인·체크아웃을 반복하며, 서비스와 식당 등 각종 설비를 꼼꼼히 살펴보는 게 큰 즐거움이었습니다. 많은 시간이 지난 지금 달라진 점이 있다면, 이제는 가능한 한 특정 지역에서 최소 일주일,

길게는 한 달 가까이 머무르고 싶어 한다는 겁니다. 그리고 매일 비슷한 루틴을 반복하죠. 똑같은 카페와 레스토랑에서 똑같은 메뉴를 주문할 때 마치 그곳의 주민이 된 듯한 안도감을 느낍니다. 저녁에 숙소가 있는 동네로 돌아올 때는 '진짜 내가 사는 집'으로 향하는 듯한 기분마저 듭니다. 낯선 여행자가 아닌 거주자의 시선으로 도시를 느끼는 경험, 그것은 머물러봐야만 가능합니다.

돌이켜보면 여행 시장은 줄곧 로컬 중심으로 재편되어왔습니다. 지금은 여행이 어느 때보다 쉬워진 시대이기도 하지만, 여전히 여행을 삶의 최종 버킷리스트에 두고는 합니다. 하지만 경험이 쌓일수록 여행자는 깨닫습니다. 에펠탑이나 자유의 여신상에 올라가는 것만이 여행의 궁극은 아니라는 사실을요. 사람들은 점차 낯선 곳에서 자신의 일상을 만들고 싶어 하고, 그런 감각이 곧 '로컬에 대한 열망'으로 이어집니다. 더 나아가 현지인과 교류하며 그들의 삶을 경험하는 걸 여행의 가장 높은 차원으로 여깁니다. 누군가의 일상 속으로 잠시 들어가보는 것이야말로 여행이 줄 수 있는 가장 큰 매력이 아닐까요?

이런 방식의 여행에 에어비앤비만큼 잘 맞는 선택은 드뭅니다. 장기 체류일수록 비용 부담이 덜하고, 주방과 세탁 시설을 갖춘 공간은 훨씬 실용적이죠. 저 역시 새로운 여행지에 머물 때면 에어비앤비를 자주 이용합니다. 집에 어떤 시스템과 유틸리티를 적용하고 있는지 살펴보는 것 자체도 즐거움을 줍니다. 때론 단순히 숙소를 빌린다는 개념이 아니라, '내가 이곳에서 산다면 어떤 집을 고를까?'라는 가정을 하며 머무르기도 합니다.

에어비앤비 경험의 핵심은 '진심 어린 환대'에 있다고 생각합니다. 낯선 곳에서 잠시 지낼 뿐이지만, 따뜻한 배려가 여행 전체의 인상을 바꾸곤 하니까요. 다른 디지털 플랫폼이 가격을 가장 큰 경쟁력으로 여긴다면, 에어비앤비는 신뢰를 핵심 가치로 삼습니다. 저는 샌

프란시스코의 한 숙소에서 그런 신뢰를 온전히 체감한 적이 있습니다. 호스트가 어제까지 살다 잠시 자리를 비운 듯 모든 것이 자연스러운 가정집이었죠. 그 공간은 내게 마치 세상에 단 하나뿐인 환대를 건네는 듯했습니다. 이 지점에서 에어비앤비는 전통적 숙박업에서 설명할 수 없는 차별성을 갖습니다.

한때 에어비앤비는 과소평가되기도 했습니다. 전통적 산업을 세금 회피적 개인 거래로 대체했을 뿐이라는 비판도 있었지요. 하지만 플랫폼 비즈니스의 가치는 그렇게 단순하게 환원할 수 있는 것이 아닙니다. 데이터베이스를 구축하기 전까지 끝없는 비효율과 불확실성을 견뎌야 하고, 일정 규모에 이르러서야 비로소 본격적으로 작동합니다. 기술이나 전략만으로는 넘을 수 없는 시점이 있으며, 그 구간을 건너는 힘은 오직 인내뿐이죠. 에어비앤비는 여행 문화를 재구성한 혁신 브랜드인 동시에 그 시간을 버텨온 주체이기도 합니다.

여행이 일상으로 자리 잡은 시대, 사람들은 다시 묻

습니다. "여행이란 무엇인가?" 그리고 에어비앤비는 그 답으로 '머무름과 환대, 로컬의 경험'을 제시합니다. 기술로 출발했지만 결국 인간적 신뢰를 자산으로 삼아온 브랜드. 여행은 에어비앤비 덕분에 진정한 로컬로 진화하고 있습니다.

스타일 없는 스타일

반스
Vans

전 세계인이 일상적으로 신는 스니커즈는 의도하든 의도하지 않든 브랜드의 속성이 강력하게 작동하는 상품입니다. 이를 가장 명확하게 보여준 게 바로 애플 창업자 스티브 잡스입니다. 그는 미니멀리스트답게 검은색 터틀넥과 리바이스 청바지를 고집했죠. 또 가전제품마저 마음에 드는 디자인이 나올 때까지 구매를 미룰 정도로 까다로웠습니다. 그런데 신발에서만큼은 다른 종류의 감각이 묻어났습니다. 그는 커다란 'N' 로고가 박힌 뉴발란스New Balance 스니커즈만 고집했습니다. 철저한 단순함의 미학과 대조적으로, 스니커즈만큼은 브랜드의 존재감을 커다랗게 강조하는 쪽을 택한 것이죠. 이렇듯 개인의 선택이 가감 없이 드러나는 대중적인 물건이 바로 신발입니다. 그래서 스니커즈는 그 자체로 꽤 흥미로운 문화적 현상이 되는 것이고요.

반스는 그런 스니커즈의 전형성에서 살짝 비켜서 있는 브랜드입니다. 고유의 스타일과 상징은 있지만, 운동화의 원형에 가까운 단순한 형태를 고수하며 과장된 표현과는 거리를 두죠. 반스의 모든 모델엔 사실상 별다른 특징이 없습니다. 다른 스니커즈 브랜드들이 새로운 모델을 내놓거나 진화를 강조하는 전략을 펼칠 때조차 반스는 오히려 원형을 더 또렷하게 각인시키는 데 집중해왔습니다. 이런 고집 덕분에 반스를 신는 사람들은 유행을 좇는 일반 스니커즈 마니아와 구별됩니다. 스타일에 대한 감각은 있지만, 유행처럼 남들과 똑같이 꾸미는 건 거부하는 이들이죠. 반스를 신는 행위는 그런 자기표현입니다. 그래서 신발을 새것처럼 모시기보다 직접 페인팅해서 밑창이 닳고 갑피가 더러워질 때까지 대충 신는 것이 오히려 반스답습니다.

반스는 스케이트보더와 함께 성장한 브랜드입니다. 처음에는 보더들이 자발적으로 선택했고, 이후 브랜드가 이들을 후원하며 커뮤니티를 다졌습니다. 스케이트보딩은 스포츠라기보다 놀이 문화에 가깝습니다. 그래서 보더가 어떤 옷을 입고 어떤 음악을 듣는지를 더 궁금해하죠. 반스는 그렇게 자기표현의 일부가 되었고, 기능적 제품이라기보다 스트리트 정신을 담은 스타일로 자리매김했습니다.

반스의 신발은 사실 다른 스니커즈에 비해 착용감이 특별히 뛰어나지는 않습니다. 오히려 무겁고 투박합니다. 스케이트보드화는 충격 흡수보다 바닥의 감각, 즉 보드와 발 사이의 직접적 접촉을 중시합니다. 일상에서는 이런 요소가 불편하게 느껴질 수 있지만, 충성 고객들은 이를 브랜드의 고집으로 받아들였습니다. 불편함과 투박함조차 스타일로 해석되는 아이러니 덕분에 반스는 예상치 못한 영역에서도 환영을 받습니다. 예컨대 웨이트 트레이닝 같은 활동에서 오히려 안정감을 주는 신발로 평가되기도 합니다.

무엇을 더하지 않았기 때문에 형성된 감각이 바로 반스를 구별 짓는 힘입니다. 운동화의 원형을 고수하는 브랜드는 많지만, 사람들이 반스를 고르는 이유는 그 신발이 자신만의 스타일을 드러내는 가장 적확한 도구이기 때문입니다. 그래서 반스를 신는 이들은 대체할 다른 브랜드를 쉽게 떠올리지 않습니다. 반스는 반짝이는 유행을 넘어 시간이 쌓일수록 힘이 더 분명해지는 꾸밈없는 브랜드입니다. 당장은 눈에 띄지 않을지라도 말입니다.

색은 온도다

팬톤
Pantone

 우리가 흔히 '색'이라고 부르는 것에는 사실 그보다 먼저 개입하는 또 하나의 요소가 있습니다. 바로 밝기입니다. 세상을 흑백사진으로 찍어보면, 모든 풍경이 밝기의 차이만으로 드러납니다. 하지만 우리는 종종 색에 현혹되어 밝기를 제대로 보지 못하죠. 노란색은 일반적으로 밝은색이라고 여기지만, 흰색과 나란히 두면 의외로 어두운색임을 깨닫게 되듯 말입니다. 이처럼 색은 밝기와 채도, 그리고 그 외의 속성이 뒤섞인 복합적인 개념입니다. 서체나 도형처럼 절대적 균형을 쉽게 논할 수 없는 영역이지요. 저는 색을 이해할 때 먼저 밝기를 떠올리고, 그 위에 색을 투영해 바라봅니다. 그렇게 하면 색채에 대한 감각이 조금 더 정교해지는 것을 경험할 수 있습니다.

팬톤은 색의 체계를 학습하기에 더없이 훌륭한 도구입니다. 대부분의 사람이 색을 단순히 '빨주노초파남보'처럼 구분하는 데 익숙하다면, 전문가들이 다루는 팬톤 컬러 칩은 전혀 다른 차원의 질서를 보여줍니다. 흰색을 섞었을 때, 검은색을 더했을 때, 혹은 두 가지를 동시에 여러 단계로 더했을 때 색이 어떻게 변주되는지 체계적으로 제시해줍니다. 그 과정을 들여다보면, 자연스럽게 밝기와 채도의 개념을 직관적으로 이해할 수 있죠. 저는 디자이너로 사회에 발을 디딘 이후, 인쇄물을 다루며 팬톤 칩과 함께 색의 세계에 깊이 매혹되었습니다. 포스터 컬러 물감으로만 익히던 입시 시절과는 전혀 다른 차원이었지요. 무광과 유광의 질감 차이, 미세한 채도의 변화, 그리고 색에 스민 온도감까지. 특히 무채색인 회색 속에 스며 있는 푸른색 기운과 노란색 기운을 처음 발견했을 때의 충격은 지금도 잊을 수 없습니다. 그날부터 한동안 회색이라는 하나의 색이 빚어내는 무수한 온도의 변주에 깊이 빠져 지냈습니다.

전 세계 디자이너에게 팬톤은 하나의 공용 언어이자 암호 체계처럼 기능합니다. 인쇄물을 제작할 때, 벽에 칠할 페인트를 고를 때 넘버 하나만으로 디자이너의 의도를 오차 없이 전달할 수 있습니다. 미국 디자이너가 지정한 색상을 한국에서도 정확하게 인쇄할 수 있는 것, 바로 이러한 보편성과 정확성이 팬톤 시스템의 힘입니다. 팬톤이 단순한 색상 도구를 넘어 플랫폼 브랜드로 자리매김한 이유도 여기에 있습니다. 고유한 넘버와 이름을 부여받은 색들이 팬톤이라는 브랜드 안에서 질서와 신뢰를 얻고, 그 자체로 확장된 상징성을 갖게 된 것입니다.

그러나 오늘날 색은 새로운 국면에 놓였습니다. 디지털 환경이 중심을 이루면서 색은 더 이상 통제 가능한 영역이 아니게 되었습니다. 아무리 정교하게 브랜드 컬러를 설정해도, 기기마다 다른 디스플레이와 개인의 화면 설정에 따라 색은 달라 보일 수밖에 없습니다. 이런 현실 속에서 많은 기업은 색에 대한 통제를 과감히 포기하거나 최소화합니다. 로고를 흑백으로 단순화하고, 컬러를 아예 제거한 아이덴티티를 채택하는 사례가 늘어난 것도 이 때문입니다. 럭셔리 브랜드들조차 더 이상 강렬한 컬러의 상징성을 고집하지 않고, 통제 가능한 포장 박스나 쇼핑백에만 제한적으로 고유의 색을 적용합니다. 디지털 환경에서 컬러의 권위가 무너져 내린 것입니다.

수많은 색이 화면 위를 스쳐 지나가지만, 오히려 컬러의 진정한 확장과 깊이는 멈춘 듯 보이는 시대. 아이러니하게도 이제 디자이너들은 색을 새롭게 고민해야 할 시점에 놓였습니다. "색을 어떻게 다시금 의미 있게 사용할 수 있을까?" "색은 어떤 방식으로 사람들에게 또다시 감각적 울림을 줄 수 있을까?" 이런 질문은 단순히 디자인의 문제가 아니라, 우리가 세상을 어떻게 보고 경험할 것인가에 대한 새로운 기회와 맞닿아 있습니다.

모듈의 힘

유에스엠
USM

 모듈식 가구 시스템의 상징처럼 여기는 USM은 처음부터 단번에 소비자를 매혹시키는 브랜드는 아닙니다. 적어도 저에게는 그랬죠. 직관적으로 사랑에 빠지는 브랜드라기보다 시간을 들여 알아보고 학습해야 서서히 매력을 느낄 수 있는 존재에 가깝습니다. 전통적 의미에서 아름다운 가구의 전형과는 거리를 두고 있기 때문에 처음에는 차갑고 기능적인 인상만 남기기도 합니다. 그러나 가구가 아닌 시스템으로 바라보는 순간, USM의 진가가 드러납니다.

저는 10여 년 전, 아무런 사전 설명 없이 카탈로그를 통해 처음 USM의 할러Haller 시스템을 접했습니다. '이건 그저 차가운 금속 프레임일 뿐이잖아.' 처음엔 이렇게 생각했습니다. 주변에서 USM을 권하며 '예쁘다'라는 수식까지 붙이는 것이 쉽게 이해되지 않았죠. 차갑고 기계적인 물성, 단순한 구조, 게다가 높은 가격대까지. 장인의 손끝에서 태어난 따뜻하고 아름다운 가구들을 오랫동안 경험해온 사람이라면 공장 설비 같은 스틸 파이프에 가구로서 디자인적 가치를 부여하기란 쉽지 않을 것입니다. 하지만 불만 섞인 제 생각과 달리, USM은 점점 더 큰 인기를 누리고 있습니다. 본래 사무실이나 창고에서 물건을 효율적으로 보관하기 위해 만든 수납 시스템이 이제는 거실과 서재, 심지어 침실까지 점령하며 주연 자리를 꿰차고 있는 것이지요. USM 스스로도 아마 이 상황을 놀랍게 바라보고 있을 겁니다.

소비자의 시선으로라면 다소 낯설 수 있지만, 사업

가의 시선으로 보면 USM은 거의 완벽에 가까운 모델입니다. 모듈형 시스템이라는 틈새시장을 선점했고, 과감한 고가 정책을 통해 브랜드 위상을 구축했죠. 여기에 더해 품질관리와 만듦새를 최우선 과제로 삼았습니다. 그리고 그 자체가 곧 마케팅이자 브랜딩이 되었지요. USM의 경영진은 매거진⟨B⟩와의 인터뷰에서 "이미 최고라면 그걸 그대로 유지하는 것도 필요하다"고 말한 바 있습니다. 이 단순해 보이는 태도 안에 오랜 시간 쌓아온 신뢰의 비밀이 숨어 있습니다.

모듈형 가구의 본질을 생각해보면 그 매력이 명확해집니다. 쓸모가 곧 미덕이고, 유연함이 곧 아름다움입니다. 다른 단점들이 존재하더라도, 자유롭게 확장·재구성할 수 있다는 장점 하나가 모든 것을 상쇄합니다. 시간이 흘러도 새로 산 듯 맞춤 구성이 가능하니, 사용자들은 높은 만족도를 경험하고 자연스럽게 USM의 홍보대사를 자처합니다. 모노클의 창립자 타일러 브륄레가 사무실과 각종 행사에서 꾸준히 USM 가구를 노

출시켜온 것도 이와 같은 맥락입니다. 경험한 이들이 스스로 브랜드의 대변인이 되는 것이죠.

USM의 진정한 매력은 부속품의 완성도에서 드러납니다. 문을 여닫을 때의 저항감, 스프링이 당겨졌다 밀리는 감각, 패널 접합부의 정밀함은 마치 애플이 만든 테크 제품을 떠올리게 합니다. 이 수준 높은 완결성에 더해, 버려지지 않고 계속 쓰임을 이어갈 수 있다는 지속 가능성의 가치가 겹쳐지면서 USM 브랜드는 오늘날 더욱 힘을 받고 있습니다.

그래서 저는 USM의 미래가 무척 궁금합니다. 지금까지는 보수적인 행보로 일관했지만, 그 덕분에 역설적으로 도약할 여지는 더 넓어졌다고 볼 수 있습니다. 10년, 50년, 100년의 시간을 두고 볼 때 이들은 과연 새로운 혁신을 받아들일까요, 아니면 지금의 완결된 형태를 고수할까요? USM은 이미 하나의 완벽한 종착지이면서, 동시에 또 다른 출발점이 될 수 있는 브랜드입니다.

기능의 아름다움

아크테릭스
Arc'teryx

사실 저는 아크테릭스의 열렬한 팬입니다. 정확히 말하면, 아크테릭스의 베일런스Veilance 라인을 특히 좋아합니다. 아웃도어 활동뿐 아니라 일상에서도 아크테릭스 아이템을 즐겨 입는 사람이 늘어나자, 베일런스라는 일상복에 특화된 별도의 라인이 탄생했죠. 기능성 의류 특유의 미학에 동시대 패션의 감도를 더한 베일런스 제품은 놀라울 만큼 정교합니다.

멀리서 보면 아크테릭스 베일런스의 옷은 평범하고 눈에 띄지 않습니다. 하지만 가까이 다가가면 이야기가 달라집니다. 마치 멀리서 보는 것과 가까이에서 보는 것에 전혀 다른 풍경을 연출하도록 설계된 듯한 인상을 주죠. 꼭 베일런스 라인뿐만 아니라, 저는 아크테릭스 전체가 아웃도어 기능성 의류의 한 경지에 도달한 브랜드라고 생각합니다. 시장과 고객의 요구를 정확히 읽어내면서도 자신들의 기술과 감각을 놀라울 정도로 일관되게 구현해왔기 때문입니다. 아크테릭스는 늘 해오던 대로 제품을 묵묵히 만들고, 조금씩 개선할 뿐입니다. 요란한 신제품으로 시선을 끌지도 않습니다. 그 꾸준함 자체가 브랜드의 품격을 세워왔다고 볼 수 있습니다.

아크테릭스의 미학은 단지 디테일이나 실루엣에 머물지 않습니다. 대부분의 브랜드는 기능과 실용성 사이에서 적당히 타협하지만, 아크테릭스는 기능을 끝까지 밀어붙입니다. 사실 대부분의 사용자는 아크테릭스가 설계한 수준의 혹독한 환경에 놓일 일이 거의 없습니다. 그럼에도 이토록 고기능 의류가 꾸준히 소비되는 이유는 무엇일까요? 저는 그것을 일종의 '사용자의 의지 표현'이라고 봅니다.

브랜드가 제대로 된 제품을 꾸준히 만들어내기 시작하면, 그다음은 소비자가 브랜드의 이미지를 스스로 형성해갑니다. 요즘 아크테릭스나 살로몬Salomon 같은 기능성 브랜드가 자연스럽게 격상된 지위를 누리는 것도 그런 이유 때문입니다. 편안한 옷과 신발을 선택했을 뿐인데 멋스럽게 보이고 싶은 사람들이 이런 브랜드를 고르죠. 무심하고 담백한 태도로 패션을 대하는 감각이 여전히 각광받으면서, 아크테릭스는 지금 전성기를 이어가고 있습니다.

아크테릭스가 이처럼 흔들림 없는 브랜드 정체성을 유지할 수 있는 배경에는 모기업 안타스포츠Anta Sports가 있습니다. 안타스포츠는 중국을 대표하는 글로벌 스포츠웨어 기업으로, 매출 규모만 보면 나이키Nike와 아디다스Adidas에 이어 세계 3위권입니다. 2019년 살로몬과 윌슨Wilson, 피크 퍼포먼스Peak Performance

를 비롯한 여러 브랜드를 보유한 미국의 아머스포츠 Amer Sports를 인수하면서 아크테릭스 역시 안타스포츠의 포트폴리오에 포함되었습니다. 당시 많은 이가 중국 기업의 인수 이후 브랜드 이미지가 훼손될 것을 우려했습니다. 하지만 아크테릭스와 살로몬은 오히려 정체성을 강화했고, 질적인 성장을 이어갔습니다.

특히 아크테릭스는 스스로를 단순한 아웃도어 기업이 아닌 '디자인 기업'으로 정의합니다. 그 핵심을 존중하며 디자인 아이덴티티를 해치지 않고 유지하는 것은 결코 쉬운 일이 아닙니다. 안타스포츠는 자신들의 강점인 제조와 유통 역량을 기반으로 브랜드 중심의 포트폴리오를 강화하는 길을 택했습니다. 스스로 새로운 브랜드를 만드는 대신, 이미 탁월한 브랜드를 인수해 지원하는 전략으로 방향을 바꾼 것이죠. 이는 단순한 투자나 소유가 아니라, 이른바 '영혼을 수혈받는 구조'입니다. 그렇기에 그 영혼, 곧 디자인의 본질을 지켜내는 것이 무엇보다 중요합니다. 아크테릭스의 오리지

낼리티만큼이나 그 가치를 해치지 않는 안타스포츠의 경영 방식에 주목할 필요가 있습니다.

르메르 한남 플래그십 스토어 ©Lemaire

산펠레그리노의 클래식한 보틀과 라벨 디자인 ⓒ한상균

록시땅의 시어버터 핸드크림 ©신동훈

헤이 세계관의 중요한 한 축을 담당하는 소품, 문구 ⓒ박성훈

매거진〈B〉와 협업한 반스 올드스쿨 스니커즈 ©매거진〈B〉

1800년대 프랑스 제본업자가 만들고, 아티스트들이 즐겨썼던 노트를 복각한
몰스킨 노트 ⓒ안상미

전세계인이 소통할 수 있는 색의 기준을 설계한 팬톤 컬러칩 ©신동훈

메종 키츠네의 존재감을 각인시킨 엉뚱하고도 귀여운 여우 패치 ©맹민화

아크테릭스 아웃도어 기술과 미니멀한 디자인이 결합된 베일런스 라인의
모니터 코트 ⓒ곽기곤

USM의 유닛 시스템은 수납장 뿐만 아니라 데스크와 모니터 스탠드 등 다양한 형태로 변형이 가능하다. ⓒ한상균

절묘한 균형

모스콧
Moscot

안경은 참 흥미로운 물건입니다. 각기 다른 유기적 특성을 가진 인체의 얼굴 위에 철저히 인공적인 물건을 균형 맞춰 올려두는 것이기 때문입니다. 인간의 몸에는 직선적 요소가 거의 없지만, 안경 프레임은 일정한 곡률의 곡선과 직선을 기반으로 만들어집니다. 저는 이 상반된 요소의 결합에서 이따금 기분 좋은 조합을 발견하곤 합니다.

저는 종종 안경을 서체에 빗대어 생각합니다. 글자는 상하좌우의 비례 속에서 미묘한 무게 균형을 형성하죠. 예컨대 A는 어떤 각도에서 봐도 안정적이지만, P처럼 한쪽으로 치우친 글자는 시각적으로 기울어져 보일 수 있습니다. 그래서 서체 디자이너는 획의 두께나 꺾임을 조절하며 균형을 찾아냅니다. 안경도 마찬가지입니다. 다양한 각도에서 드러나는 만큼 무게중심과 안정감이 무엇보다 중요하고, 구조상 생길 수밖에 없는 모서리를 어떻게 다루느냐가 곧 미감을 결정합니다. 서체에서 획 끝을 다루는 방식과 닮아 있는 셈입니다. 안경을 이런 시각으로 바라보면 디자인을 이해하는 눈이 한층 넓어집니다.

수많은 브랜드 중에서도 모스콧은 '중용'의 미학을 잘 보여줍니다. 낯섦과 익숙함, 개성과 자연스러움 사이를 유연하게 오가며, 착용자가 안경을 '쓰고 있다'는 사실을 잊게 만들지요. 대표 모델인 렘토시Lemtosh는 처음 안경을 사용하는 사람조차 마치 오래전부터 써온 듯한 편안함을 느끼게 합니다. 착용자를 압도하지 않고, 사람과 하나처럼 어우러지는 덕분입니다. 그래서 모스콧을 애용하는 이들은 멋을 과시하기보다 넘치지도 모자라지도 않는 균형에서 오는 만족감을 더 강조합니다.

모스콧이 세운 또 하나의 성취는 '사이즈'라는 개념입니다. 안경은 디자인 못지않게 얼굴과 두상에 맞는 치수가 중요합니다. 하지만 많은 이가 액세서리처럼 소비하면서 이 기본을 간과하죠. 모스콧은 대표 모델마다 세 가지 이상 세분화된 사이즈를 제공하고, 코 받침 간격까지 얼굴 구조에 맞게 선택할 수 있도록 설계합니다. 잘 맞는 사이즈 안경을 착용했을 때의 만족감이 각별한 이유입니다.

이런 완성도의 배경에는 복각의 역사가 있습니다. 모스콧은 처음부터 제조사로 출발한 게 아니라, 다양한 제품을 판매하던 소매점이자 안경원이었습니다. 세대를 거듭하며 전설적인 명작들을 복원했고, 그 과정에서 자연스레 자신만의 디자인 노선을 확립했죠. 그래서 오늘날 모스콧은 '클래식 아이웨어'의 정석으로 불립니다. 오랜 세월 사람들의 얼굴과 함께 검증된 원형의 아름다움, 그 안정감을 그대로 이어왔기 때문입니다.

모스콧은 단순한 안경이 아닙니다. 얼굴과 조화를 이루는 가장 검증된 원형으로 아름다움과 균형을 찾는 그런 브랜드입니다.

유통이 브랜드다

하겐다즈
Häagen-Dazs

 남녀노소 누구에게나 사랑받는 음식 하나를 꼽으라면 저는 아이스크림이 생각납니다. 부드럽고 달콤한 그 맛을 거부할 사람이 과연 있을까요? 하지만 그만큼 먹을 때마다 죄책감이 따라붙는 음식이기도 하죠. 저 역시 건강을 위해 자주 찾지는 않지만, 가끔 아이스크림을 먹는 작은 일탈에서 짜릿한 즐거움을 느끼곤 합니다.

 하겐다즈는 바로 그 '길티 플레저Guilty pleasure' 이미지를 영리하게 브랜드로 풀어낸 사례입니다. 쾌락과

섹스 어필 코드를 앞세워 '어른들의 아이스크림'이라는 콘셉트를 확립했고, 실제와 무관한 덴마크식 이름을 붙여 이국적이고 프리미엄스러운 분위기를 연출했습니다. 맛의 품질만으로 보면 하겐다즈와 견줄 만한 아이스크림이 없는 건 아닙니다. 주요 도시 몇몇 아티장Artisan 브랜드만 살펴봐도 그 수준은 대단합니다. 그러나 하겐다즈가 다른 브랜드와 결정적으로 다른 점은 안정적인 대량생산과 전 세계 구석구석까지 뻗은 유통 능력입니다.

하겐다즈의 전략은 단순했습니다. 대형 마트와 편의점에서 누구나 쉽게 접할 수 있도록 하면서도, 매장 안에서는 반드시 '프리미엄 브랜드'로 구분되게끔 한 것입니다. 전용 냉동고가 그 대표적 장치입니다. 소비자는 이런 물리적 구분 덕분에 하겐다즈를 다른 브랜드와 동일 선상에서 비교하지 않고, 대체 불가능한 아이스크림으로 인식하죠. 번화가에 전용 매장을 내는 것보다 한 평 남짓한 냉동고 하나가 브랜드를 각인시키는 데 더 강력한 수단으로 작용한 것입니다.

하겐다즈를 이야기할 때는 대부분 세련된 마케팅 스토리에 주목합니다. 하지만 저는 그들의 유통 전략과 사업적 역량에 더 주목하고 싶습니다. 잘 만든 제품이 사랑받는 브랜드로 성장하기 위해서는 '만드는 능력'만큼이나 '닿게 하는 능력'이 필요합니다. 아무리 뛰어난 품질도 더 많은 시장, 더 넓은 생활 반경 속으로 확산하지 못한다면 비즈니스는 성공할 수 없습니다. 하겐다즈 역시 성장의 갈림길마다 냉정한 결단을 내렸을 것입니다.

이런 선택의 순간은 하겐다즈만의 경험이 아닙니다. 파인다이닝 레스토랑이 밀키트 유통으로 돌파구를 만들려고 시도하는 것처럼 어느 브랜드든 일정 규모 이상으로 성장하려면 반드시 맞닥뜨리는 모멘텀이 있게 마련입니다. 그때 과감한 투자와 결단이 없다면 장인적 메이커로만 남을 뿐입니다. 브랜드의 성공은 언제나 제품 뒤편에서 보이지 않게 작동해온 관리의 힘, 그리고 그 힘을 확보하기 위해 기꺼이 무언가를 포기한 선택의 결과이기도 합니다. 하겐다즈는 바로 그걸 보여주는 브랜드입니다.

캐주얼한 클래식

라미
Lamy

　라미를 처음 알게 된 것은 졸업식 선물처럼 여기던 만년필을 직접 사고 싶어 문구점을 서성이던 때였습니다. 그 시절 제게 만년필은 몽블랑Montblanc이나 워터맨Waterman처럼 고가 또는 어른들의 전유물 같은 이미지였습니다. 그런 가운데 처음 본 라미는 신선한 충격이었죠. 모던한 디자인에 색감이 다양한 만년필은 이전까지 알던 '격식 있는 만년필'이라는 인상을 단숨에 깨뜨렸습니다.

　그 후 십수 년간 여러 필기구를 접했지만, 라미에 대

한 첫인상은 여전히 변함이 없습니다. 예전에 들었던 "몽블랑은 '스르륵'이지만, 라미는 '사각사각'이다"라는 표현이 라미의 본질을 잘 설명해줍니다. 중요한 계약서에 멋들어지게 서명하는 만년필이 아니라, 일상의 글쓰기에 충실한 실용적 만년필. 라미의 감성과 정체성은 그 소리에 고스란히 담겨 있습니다.

라미의 특별함은 만년필이 흔히 지니고 있는 보수적이고 낡은 이미지를 젊고 감각적인 필기구로 바꾸어낸 태도에 있습니다. 몽블랑의 상징적인 만년설 로고가 주는 위엄과 달리, 라미의 컬러풀한 사파리Safari는 캐주얼하고 일상적인 친근함을 줍니다. 책상 위 필기구는 그 주인의 취향을 드러냅니다. 라미를 쓰는 사람도 마찬가지죠. 단순히 글씨 쓰는 도구를 넘어 자기표현이 가능한 오브제가 됩니다. 그래서 저도 누군가가 책에 사인을 요청하면 라미 만년필을 꺼내 듭니다.

라미는 필기구라는 본질적 기능에 충실하면서도 누구나 접근할 수 있는 합리적 가격을 갖춘 브랜드입니다. 사실 만년필은 사용하기 까다로운 도구입니다. 잉크 넣기도 번거롭고, 펜촉 방향을 확인해야 하고, 연필처럼 눌러쓰기보다 종이와 미세한 균형을 잡아야 합니다. 그러나 바로 그런 불편함 속에서 인간의 감성이 살아납니다. 그래서 만년필은 여전히 매력을 잃지 않고, 디지털 기기에 밀려도 쉽게 사라지지 않는 것입니다.

라미는 이런 점에서 조셉조셉이나 몰스킨과 닮아 있습니다. 조셉조셉이 주방 도구를 감각적인 생활 오브제로 바꾸고, 몰스킨이 단순한 노트를 기록의 상징으로 확장했듯 라미도 전통적인 만년필을 캐주얼한 클래식으로 재정의했죠. 세 브랜드 모두 본질을 잃지 않으면서도 디자인과 감각을 통해 일상의 도구를 자기표현의 매개체로 만든다는 공통점을 갖고 있습니다.

'파운틴 펜Fountain pen'이라는 싱그러운 이름처럼 만년필은 우리의 감성 깊은 곳에 계속 머무를 도구입니다. 키보드 자판과 터치스크린에 익숙한 시대이기에 직접 글씨를 써 내려갈 때 금속 닙Nib이 종이를 긁는 '사각거림'을 느끼는 순간이 더 특별합니다. 라미는 그 경험을 가장 캐주얼하면서도 클래식하게 이어주는 브랜드입니다.

상업적 아웃사이더

메종 마르지엘라
Maison Margiela

매거진〈B〉메종 마르지엘라(이하 마르지엘라) 이슈의 표지를 두고 한참을 고민했던 기억이 납니다. '창립자이자 디자이너 마르틴 마르지엘라Martin Margiela가 이 책을 직접 만든다면 어떻게 했을까?' 누구나 떠올릴 수 있는 화이트 패브릭과 4개의 실땀으로 표지를 채웠다면 아마 더 잘 팔리는 책이 되었을지 모릅니다. 하지만 저는 브랜드의 상징을 직접적으로 드러내기보다 조금 더 개념적인 접근을 택하고 싶었습니다. 특히 4개의 실땀은 본래 '드러내지 않기 위한 장치'였지만, 어느새 더 강하게 드러나는 로고처럼 소비되고 있었으니까요. 그래서 그 틀을 벗어나고 싶었습니다. '책의 표지가 곧 커버라면, 아예 커버가 없는 책은 어떨까?' '본문의 기사들이 투명하게 투과된다면 어떨까?' 이런 질문 끝에 실험적 커버가 탄생했습니다. 엄밀히 말하면, 디자인이라기보다 생각이 만든 결과물에 가까웠죠. '마르지엘라가 이 표지를 본다면 흥미로워하지 않을까?' 그런 상상도 덧붙여보았고요.

처음 마르지엘라라는 브랜드를 접했을 때의 충격은 지금도 생생합니다. 매장에 놓인 가구와 기물은 모두 흰 천으로 덮여 있고, 직원들은 과학자처럼 긴 흰 가운을 입고 있었죠. 금방이라도 떨어질 듯 바느질 네 땀으로 달아둔 무명의 라벨, 물건을 팔기보다 행위 예술을 연출하는 듯한 분위기. 마르지엘라는 이런 충격을 섬세하게 상품화했습니다. 기존 패션의 상업성을 조롱하는 듯 보이면서도 그걸 곧바로 비즈니스로 전환한 것이죠. 보통은 자신이 속한 시장을 부정하면 아웃사이더로 남기 십상입니다. 그러나 그는 그 경계를 자유롭게 넘나들며 산업 안에서 독창적 질서를 만들어냈습니다.

마르틴 마르지엘라는 늘 경계인이었습니다. 엘리트 코스를 밟았지만 스스로 반항적인 길을 선택했죠. 대중성에 영합하면 예술적 기질이 약해지고, 예술에만 몰두하면 대중성을 잃기 쉬운데, 그는 이 두 축을 능숙하게 다뤘습니다. 예술가다운 생각과 표현을 유지하면서도 돈을 버는 데 탁월한 감각이 있었고, 비즈니스 구조를 읽을 줄 알았던 것이죠. 사람들이 무엇을 원하고, 어디에 비용을 지불하며, 어떤 규모에서 비로소 브랜드가 되는지를 꿰뚫어본 겁니다. 그래서 우리는 흔히 마르지엘라와 꼼데가르송Comme des Garçons의 가와쿠보 레이Rei Kawakubo를 나란히 언급하곤 합니다. 저항 정신과 사상적 표현을 단순한 구호에 그치지 않고 실질적 성공으로 연결한 인물들입니다.

그들의 비즈니스 감각은 그저 시장을 읽는 능력에만 머물지 않았습니다. 브랜드를 키우는 과정에서 창작자가 아닌 팀 전체가 움직이는 구조를 설계했죠. 꼼데가르송이 소속 디자이너에게 별도의 라인을 내주는 것은 단순히 왕국을 확장하려는 의도만은 아닐 겁니다. 자신을 닮은 후배가 성장할 때 느끼는 기쁨과 만족이 더 컸을 테지요. 마르지엘라 또한 '마르지엘라 개인'이 아닌 '팀 마르지엘라'라는 이름으로 활동했습니다. 디자인을 '스타일' 대신 '사상과 생각'으로 바라봤기에 가능한 일이었습니다. 스타일은 '누구 손으로 선을 그었는지'에 집착하게 만들지만, 사상과 생각은 팀 전체가 공유할 수 있기 때문입니다.

이 시대의 마르지엘라와 가와쿠보 레이는 어디에 있을까요? 한때 옷은 생각과 스타일을 드러내는 가장 강력한 도구였지만, 지금은 기능과 실용을 기반으로 한 패션이 시장을 주도합니다. 유니클로 같은 브랜드가 세계를 넓히는 이유입니다. 그러나 산업은 거대한 사이클을 그리며 성장하기에 곧 미학과 사상으로 무장한 패션이 전면에 나설 날이 다시 올 것입니다.

낯선 익숙함

호시노야
Hoshinoya

여행의 패턴이 다양해지는 시대입니다. 이러한 흐름 속에서 숙박업은 두 가지 뚜렷한 전략으로 나뉘는 듯합니다. 하나는 리조트 자체가 곧 목적지인 경우, 또 다른 하나는 최소한의 기능만으로도 충분한 만족을 주는 숙소입니다. 여기서 중요한 것은 방향성입니다. 두 전략 중 하나를 분명히 선택하고, 그 위에 뾰족한 콘셉트를 세우는 것. 이 기본만 지켜도 숙박업은 충분히 경쟁력을 확보할 수 있습니다.

호시노Hoshino 그룹이 운영하는 일본의 리조트 브랜드 호시노야는 전자에 가깝습니다. 많은 여행자가 특정 지역보다 어떤 호시노야를 먼저 선택하고, 그곳에서의 시간을 전체 여정의 중심으로 삼습니다. 그러나 호시노야를 일반 리조트와 동일한 장르로 묶기엔 무리가 있죠. 대다수 리조트가 고객의 욕구를 무차별적으로 충족시키려 하는 반면, 호시노야는 과감하게 가지치기를 하며 자신 있게 보여줄 수 있는 것에만 집중하기 때문입니다.

기존 호텔이 '하룻밤 묵는 기능'을 기본 전제로 여긴다면, 호시노야는 숙박을 오히려 부수적인 경험처럼 느끼게끔 만듭니다. 특별한 프로그램이나 거대한 레저 시설을 내세우지 않습니다. 대신 먹고, 쉬고, 자연과 지역을 오롯이 느끼는 데 집중합니다. 이것이 호시노야만의 차별화 요소입니다.

이 철학은 식음 공간에서 극명히 드러납니다. 유사한 급의 리조트들이 다양한 식당 옵션으로 경쟁력을 높이려는 것과 달리, 호시노야는 자신 있는 한 공간에서만 식사를 제공합니다. 아침-점심-저녁이 모두 같은 맥락에서 이어지는데, 이는 단순히 효율을 위한 선택이 아니라 고객 맞춤형 환대의 일환입니다. 덕분에 고객은 호시노야를 선택할 때 최고의 숙박과 더불어 최고의 식사 경험까지 할 수 있다는 기대감을 품게 되죠.

이러한 호시노야식 환대는 일본의 전통적 료칸 문화에서 비롯되었습니다. 료칸은 숙박에 저녁과 아침식사를 필수 요소로 포함시키며, 예약 단계부터 고객의 기호를 세심히 묻고 반영합니다. 이는 '잘 대접한다'는 개념 안에서 식사가 차지하는 비중이 그만큼 크기 때문입니다. 서구권의 리조트가 화려한 뷔페나 카테고리별 고급 식당을 나열하는 방식이라면, 호시노야의 비즈니스는 숙박을 공간 임대가 아니라 서비스 그 자체, 즉 '하나의 환대'로 전환합니다.

또 한 가지 특징은 글로벌과 로컬을 오가는 감각입니다. 많은 고급 호텔이 글로벌 표준에 맞춘 획일적 형식을 따르는 반면, 호시노야는 일본 고유의 정서와 세계적 세련됨을 절묘하게 엮어냅니다. 전통 료칸의 분위기를 살리면서도 불편함은 최소화합니다. 과거의 유산을 동시대의 감각으로 다듬어내는 것이죠. 이렇게 전통과 현대가 교차하는 독특한 매끄러움 속에서 익숙하면서도 낯선 경험이 태어납니다.

호시노야가 제안하는 것은 단순한 숙박이 아닙니다. 머무는 동안의 시간이 목적지와 같은 무게를 갖도록 만듭니다. 여행이란 장소를 이동하는 행위이기도 하지만, 결국 어디에서 어떻게 머무느냐가 기억을 결정 짓습니다. 호시노야는 그 단순한 사실을 가장 낯설고도 익숙한 방식으로 증명하고 있습니다.

요리의 근본

스타우브
Staub

 "잘 먹는다는 것은 뭘까?" "잘 먹으려면 어떻게 해야 할까?" 이 질문에 제 식으로 답하자면, 잘 먹는다는 것은 좋은 재료를 찾아내는 일과 다르지 않습니다. 좋은 재료를 알아보는 것이 곧 식문화를 풍성하게 만드는 출발점이죠. 그러기 위해서는 조리 과정 자체에 대한 관심이 필요합니다. 직접 재료를 다듬고, 불을 조절하고, 간을 맞추는 동안 비로소 각 재료의 본질을 들여다볼 수 있으니까요. 쉽게 사서 먹는 음식에 익숙해지면 양념 맛으로만 음식을 판단하도록 길들여지기 쉽습니다. 요리가 어떻게 만들어지는지, 어떤 재료가 어떤 조건에서 빛나는지를 체감해야 비로소 주방과 식탁을 둘러싼 풍경을 입체적으로 읽을 수 있습니다.

그러한 탐구가 조금 더 깊어지면 자연스럽게 조리 도구에 눈길이 머뭅니다. 스타우브의 주물 냄비도 그중 하나입니다. 주물 냄비는 무거운 뚜껑과 두꺼운 몸통으로 '열과 수분을 가두는' 특성 덕분에 아주 독특한 조리 환경을 만듭니다. 일반 냄비가 바닥에서 위로만 열을 올린다면, 주물 냄비는 그 열을 안에 가두어 재료를 모든 방향에서 오래도록 은은하게 익힙니다. 수분을 유지한 채 속부터 천천히 익혀야 하는 스튜, 찜, 소스는 이렇게 조리해야 본연의 맛과 촉감을 얻을 수 있죠. 아주 원시적이지만 효과적인 방식입니다.

그래서일까요? 주방에 스타우브를 2개 이상 갖추고 있으면 '나, 요리 좀 할 줄 안다'는 신호처럼 보입니다. 사실 요리를 즐기지 않는 이에게 주물 냄비는 무겁고 번거로운 물건일 뿐입니다. 세척도, 보관도 쉽지 않죠. 만약 주물 냄비를 라면 끓이는 용도로 쓴다면, 그것만 한 낭비가 없겠죠. 그러나 스튜를 오래 끓이고, 찜을 적당히 익히고, 소스를 은근히 졸이며 뚜껑을 열었을 때 퍼져나오는 향을 즐길 줄 아는 사람에게 이 냄비는 대체 불가능한 동반자입니다. 더불어 조리 도구가 그대로 식탁의 그릇 역할을 겸하죠. 덕분에 음식은 따뜻함을 오래 유지하고, 사람들은 식사하는 동안 온기를 함께 나눌 수 있습니다. 이런 이점을 체감하는 사람들만이 주물 냄비의 가치를 알아봅니다.

주물 냄비를 볼 때마다 누구나 떠올리는 따뜻한 정서가 있습니다. 아이들이 냄비를 그릴 때면 둥글고 묵직한 주물 냄비의 형상이 자연스레 등장하듯, 이 도구는 인간의 오래된 조리 역사와 연결됩니다. 최초로 불을 다루던 순간부터 시작된 형태가 오늘날의 주물 냄비로 이어졌다는 상상은 묘한 위안을 줍니다. 기술이 아무리 발전하고 첨단 요리기기가 삶 곳곳을 대체해도, 이런 원형적 도구는 우리의 식탁에 남아 있을 것입니다. 불편함을 감수하면서 스타우브를 쓰는 사람들은 어쩌면 시대가 변해도 계속될 인간다움—천천히, 손으로 만들어가는 시간—을 굳게 붙잡고 싶은 마음에서 그렇게 하는 것인지도 모릅니다.

소수의 선망

라파
Rapha

자전거는 오직 내 몸의 힘으로만 나아가는 원초적인 이동 수단입니다. 고급 장비를 갖춘 마니아가 아니더라도 비교적 합리적 비용으로 누구나 쉽게 접근할 수 있는 레저이기도 하죠. 최근의 사이클링은 단순히 동네를 한 바퀴 도는 가벼운 취미부터 수백만 원을 들여 장비를 갖추고 본격적으로 즐기는 영역까지 폭넓게 확장되었습니다. 건강을 위해 시작했다가도 어느 순간 장비와 패션에 관심을 갖게 되고, 비슷한 취향의 사람들과 어울리며 소속감을 느끼게 되는 흐름은 꽤 자연스럽습니다. 나아가 풍경 좋은 곳을 찾아 달리는 여행의 단계로 이어지기도 하지요.

이 시장에서 라파는 사이클링을 단순한 운동이 아니라, '쿨한 사람들의 전유물'처럼 보이도록 만든 브랜드입니다. 단순히 라이더의 필요를 채우는 데 그치지 않고, 은연중에 계층과 무리를 구분하며 새로운 집단의 정체성을 만들어낸 것이죠. 요가를 수련하는 행위 자체보다 건강하고 세련된 삶을 추구하는 부류의 소속감을 자극했던 룰루레몬처럼 라파도 사이클링을 라이프스타일의 형태로 격상시켰습니다. 운동을 넘어 "나는 어떤 삶을 사는가?"라는 질문에 답하는 방식으로 소비자를 끌어들인 겁니다.

라파가 사람들의 호기심을 끌 수 있었던 첫 번째 이유는 의도적으로 높게 설정한 가격대였습니다. "도대체 어떤 브랜드길래?"라는 의문이 구매를 향한 첫 관문으로 작용했고, 그 문턱을 넘은 소비자만이 라파가 전하고자 하는 세계관을 경험할 수 있었지요. 블

랙을 기본으로, 핑크 로고를 최소로 사용하는 미니멀한 디자인은 오히려 요란한 저지Jersey들 사이에서 강한 존재감을 드러냈습니다. 창립자 사이먼 모트람Simon Mottram이 말했듯, "디자인하지 않은 것이 전략"이었던 셈입니다. 라파는 사이클웨어의 에르메스Hermès를 지향하며, 최고의 소재와 기능을 정제된 형태로 담아냈습니다.

라파의 타깃은 단순히 운동만 하는 이들이 아닙니다. 장비와 환경 및 라이프스타일까지 자신만의 기준으로 구성하고, 거기에 아낌없이 투자하는 소수의 사람들입니다. 이들은 자신의 취향이 곧 자기 정체성이라고 생각하죠. 라파 같은 니치 프리미엄 브랜드가 유지해야 할 본질은 바로 이 지점에 있습니다. 누구나 쉽게 다가갈 수 없는 경계, 소수의 팬이 먼저 알아채는 진심과 일관성, 그리고 시간이 쌓일수록 단단해지는 신뢰 말입니다.

니치 브랜드의 성장은 조용하고 신중해야 합니다.

이유는 단순합니다. 브랜드를 가장 먼저 좋아해준 사람들, 곧 자신의 삶을 브랜드와 겹쳐 살아가는 이들에게 가장 충실해야 하기 때문입니다. 라파는 바로 이것을 증명해냈습니다. 라파 브랜드의 핵심은 결국 제품보다 그 소수를 지향하는 세계관에 있다는 사실을 말입니다.

라파가 시작했던 것도, 끝내 붙잡고자 했던 것도 바로 그 '의식 있는 소수'입니다. 그들이 브랜드를 가장 먼저 알아보고, 가장 깊이 사랑해주며, 가장 퍼뜨려주는 사람들입니다.

스타일리시한 웰니스

룰루레몬
Lululemon

처음 룰루레몬을 접한 건 오래전 뉴욕에서였습니다. 당시만 해도 요가라는 단어가 제게는 고통스러운 동작이나 지루한 수련의 이미지로 다가올 때였죠. 그런데 매장에 들어서는 순간, 그 선입견은 단번에 깨졌습니다. 매장은 쿨하고 세련된 분위기로 가득했습니다. 모던한 제품들도 눈길을 끌었지만, 무엇보다 강렬하게 제 시선을 사로잡은 건 맨하탄 거리 곳곳에서 마주친 빨간색 쇼핑백이었습니다. 요가 자세 실루엣과 브랜드 철학을 담은 문구가 적힌 그 쇼핑백은 단순한 포장이 아니라, 어떤 라이프스타일을 추구하고 있는지를 드러내는 자기표현이었습니다.

룰루레몬의 관점은 기존 스포츠 브랜드와 확연히 달랐습니다. 나이키나 아디다스가 투지와 경쟁심을 강조하며 스포츠 경기의 세계를 대표했다면, 룰루레몬은 정신적 균형과 긍정적 태도, 그리고 자기 돌봄을 전면에 내세웠습니다. 그들이 만들어낸 키워드는 '스타일리시한 웰니스'였습니다. 파워풀한 승부의 언어 대신 일상 속에서 자신을 돌보는 세련된 모습을 제안한 것이죠.

룰루레몬 이전의 요가는 패션과는 거리가 먼 세계였습니다. 요가인은 동시대 흐름과는 맞지 않는 별난 존재로 여겨지기도 했죠. 그러나 룰루레몬은 요가의 본질적 가치는 지키되 고루한 이미지를 걷어내며 전혀 새로운 시대를 열었습니다. 요가복을 입고 거리를 걷거나 러닝을 즐기는 풍경이 자연스럽게 받아들여진 것도 그 영향입니다. 요가에는 승부가 없고, 맞서는 상대는 오직 자기 자신뿐입니다. 평생을 해도 여전히 배움이 남는 수련이죠. 그 매력에 매료되면 요가인은 쉽게 전파자가 됩니다. 종교처럼 권유하고, 커뮤니티 안에서는 강한 유대감을 형성합니다. 룰루레몬은 이 강력한 커뮤니티의 힘을 브랜드 자산으로 전환했고, 시대적 흐름은 그들에게 유리하게 작용했습니다.

사회가 고도화되면서 사람들은 '어떤 운동을 할 것인가, 무엇을 먹을 것인가?'에 관심을 기울이기 시작했습니다. 건강한 삶이란 육체적 강인함만이 아니라 정신적 균형에서 완성된다는 인식이 자리 잡으면서, 요가와 룰루레몬은 자연스럽게 부상했습니다. 나이키나 아디다스가 때로는 광고이미지 소비에 몰입하는 것처럼 보였다면, 룰루레몬은 매장에서의 경험과 고객 및 직원이 공유하는 가치 속에서 더 깊은 유대감을 만들어냈습니다.

결과적으로 룰루레몬은 시장의 기준점이 되었습니다. 높은 품질과 디자인, 그리고 결코 낮지 않은 가격 전략이 맞물리며 독보적 입지를 구축했습니다. 무엇보다 룰루레몬은 단순히 요가복을 판매하는 데 그치지 않고, '삶의 방식을 제안하는 브랜드'라는 새로운 지평을 열었습니다.

돌아보면, 룰루레몬이 제게 남긴 울림은 단순히 요가복의 세련된 이미지가 아닙니다. 그것은 "나는 어떤 방식으로 내 삶을 돌보고 있는가?"라는 질문이었습니다. 경쟁이나 성취보다 자기 돌봄이 더 중요하다는 깨달음. 브랜드의 메시지를 통해 오히려 제 삶을 되돌아보게 된 경험이었습니다. 그래서 룰루레몬은 단지 시장의 성공 사례가 아니라, 개인에게 작은 성찰의 여지를 남기는 브랜드이기도 합니다.

취향의 연결

소호 하우스
Soho House

 일반적으로 사교 모임이나 프라이빗 클럽은 소수만이 이용할 수 있는 폐쇄적 멤버십 구조를 갖습니다. 게다가 소호하우스는 한국에 아직 진출하지도 않았으니 저를 포함해 많은 이에게 생소한 브랜드인게 사실입니다. 하지만 그렇기에 더욱 궁금한 브랜드이기도 하죠.

 "전형적인 부자가 아니라, 정말 멋진 사람들이 모인다." "돈만으로는 가입할 수 없는 커뮤니티다." 소호 하우스를 설명할 때 자주 따라붙는 말입니다. 실제로 소호 하우스는 일종의 '사회적 명함'처럼 기능합니다. 얼마 전 지인이 저에게 누군가를 소개하며 그분이 소호 하우스 멤버라는 점을 자연스럽게 언급하더군요. 소호 하우스 멤버라는 게 직업만큼이나 한 사람을 규정하는 수식처럼 작동했던 것이죠. 저 역시 그 정보 하나만으로 '꽤 괜찮은 일을 하는 사람일 것'이라고 짐작했지요.

소호 하우스는 오늘날 세련된 감각과 자기만의 일을 가진 사람들이 필요로 하는 새로운 형태의 공간이자 서비스입니다. 숙박과 식음료, 코워킹 스페이스와 이벤트 공간까지 갖춘 이곳은 특히 출장과 이동이 잦은 사람들에게 실질적인 해답을 줍니다. 여러 도시를 오갈 때마다 식사나 미팅 장소를 새로 찾아야 하는 번거로움을 덜고, 멤버십 하나로 어디서든 대응할 수 있거든요. 낯선 도시에서도 집처럼 편안하고 안정감을 주는 홈타운 역할을 하고, 이러한 경험이 단순히 호텔에 머무는 것과는 전혀 다른 차원의 만족을 줍니다. 리츠칼튼Ritz-Carlton이나 포시즌스Four Seasons 같은 최고급 호텔도 채워주지 못하는 '심리적 거점'을 제공한다고 할까요.

연간 약 300만 원 정도의 회비는 고급 호텔이나 리조트 회원권을 떠올리면 결코 과하지 않은 수준입니다. 오히려 어느 정도 접근 가능한 사적 공간이라는 인상을 주면서, 소호 하우스가 지닌 상징성과 절묘하게 맞닿습니다. 하지만 중요한 점은 단순히 비용을 지불한다고 해서 누구나 가입할 수 있는 곳은 아니라는 사실입니다. 이 커뮤니티는 구성원의 정체성과 감각을 철저히 선별하며, 그 과정 자체가 큐레이션처럼 작동합니다.

이처럼 까다로운 절차와 운영 원칙으로 소호 하우스가 멤버십 모델을 고수하는 데는 이유가 있습니다. 멤버십은 비즈니스적으로도 강력한 구조이기 때문입니다. 실제로 소호 하우스는 2003년 뉴욕에 첫 지점을 연 이후, 2024년까지 전 세계 44개 도시로 규모를 확장했습니다. 어느 도시에 도착하든 가장 먼저 소호 하우스에 체크인하고, 그곳의 레스토랑에서 하루를 정돈하는 일상. 이 반복되는 루틴은 국경을 넘나드는 이들에게 하나의 권한이자 직함, 그리고 은근한 자부심이자 특권이기도 합니다.

  소호 하우스는 이 같은 필요를 바탕으로 자신들만의 감성을 공간에 정교하게 구현했습니다. 아늑하고 편안하며 인간적인 환경에서 오는 충족감, 위압적인 미니멀리즘 대신 적절히 채워진 밀도에서 비롯되는 따뜻한 온기는 우리가 흔히 말하는 럭셔리와는 기준이 다릅니다. 소호 하우스가 만들어내는 럭셔리는 미학적 사치가 아니라 '취향'에 가깝습니다. 꼭 값비싼 것이 아니더라도 각 도시의 감도와 정서를 존중하고, 그 가치를 알아보는 사람들끼리 교감하는 분위기. 소호 하우스 멤버들은 바로 그러한 취향으로 연결되어 있고, 이는 우리가 추구해야 할 주거의 미래이기도 합니다.

조금 다른 길

애플 뮤직
Apple Music

　스티브 잡스가 이끌던 시절의 애플 DNA에는 언제나 음악이 깊숙이 자리했습니다. 아이팟iPod을 만들 때도, 아이폰iPhone을 설계할 때도 혁신적 하드웨어와 소프트웨어의 중심에는 음악이 있었죠. 잡스가 신제품을 발표하는 키노트의 마지막을 항상 뮤지션들의 멋진 공연으로 장식한 것도 같은 맥락이었습니다. IT 기업의 신제품 발표행사에 아티스트를 올리는 것은 단순한 이벤트가 아니라, 음악을 향한 애플의 진심 어린 애정을 드러내는 행위였습니다. 제게는 그 장면들이 기술의 언어를 감성으로 번역하는 마법처럼 느껴졌지요.

애플의 음악 사랑은 서비스에서도 이어졌습니다. 아이튠스에서 애플 뮤직에 이르는 여정은 잡스가 직접 나서서 협상하고 설득했던 역사입니다. 특히 아이튠스의 등장은 오늘날의 음악 플랫폼을 여는 출발점이었습니다. 99센트만 내면 합법적으로 노래 한 곡을 소유할 수 있다고 제안했죠. 잡스는 "스타벅스 커피 한 잔 값으로 음악을 소유할 수 있다"는 비유로 이를 설명하며, CD 시대와 디지털 시대를 잇는 다리를 놓았습니다.

이 대목에서 스포티파이Spotify는 확연히 다른 길을 걸었습니다. 곡을 '소유'하는 대신, 실시간으로 받아서 즉시 재생하는 스트리밍 모델을 제시했지요. 재생 횟수에 따라 과금하고, 아티스트에게 정산하는 새로운 방식을 내세운 것입니다. 음반사들은 아이튠스를 지지했지만, 소비자들은 스포티파이를 선택했습니다. 불법 다운로드가 만연하던 시기에 곡 단위 구매는 여전히 매력적이지 않았기 때문입니다. 결국 애플이 아이튠스에 몰두하는 사이 음악의 패러다임은 스포티파이가 바꾸었고, 애플은 의도치 않게 뒤늦은 추격자가 되었습니다. 만약 애플이 일찌감치 스트리밍으로 전환했다면, 지금의 스포티파이는 존재하지 않았을지도 모릅니다. 어찌 보면 스포티파이의 성공은 애플이 닦아놓은 기반 위에서 가능했던 것이죠.

만약 지금의 넷플릭스와 스포티파이 자리를 애플 TV와 애플 뮤직이 모두 차지하고 있다면 어떨까요? 아마도 그건 애플에도, 사용자에게도 그리 바람직한 그림은 아닐 겁니다. 지금처럼 '애플다운 조금 다른 길'을 걸어가는 것이 바람직합니다.

저 역시 스포티파이를 주로 쓰면서도 애플 뮤직을 놓지 못하는 이유가 있습니다. 바로 애플 뮤직 클래시컬Apple Music Classical 앱 때문입니다. 특히 플레이리스트의 커버 디자인들이 주는 즐거움이 큽니다. 다른 음원 플랫폼이 대체로 소홀히 다루는 영역이지만, 애플은 그 작은 이미지조차 세심하게 담아냅니다. 덕분에 저는 조금 더 자주 음악을 틀어놓고, 그러한 경험이 브랜드에 대한 애정을 더 깊게 만듭니다.

애플은 여전히 음악을 사랑하는 회사입니다. 스포티파이도 마찬가지이지만, 문화를 다루는 플랫폼은 여타 비즈니스와는 다른 차원의 고민이 필요합니다. 의도했든 의도하지 않았든 플랫폼은 문화의 흐름을 바꿀 수 있기 때문입니다. 음악에 대한 열정을 가진 잡스가 떠난 애플 뮤직은 이제 과거처럼 산업 전체를 바꾸는 혁명적 플레이어가 아니라, 자신만의 방식으로 감성과 기술을 결합하는 길을 걷고 있습니다. 그렇게라도 스스로의 음악을 끝까지 연주하는 것이죠. 그렇게 음악을 사랑했던 잡스의 애플이 이 세상에 조금이라도 더 오래 남아 있기를 바랍니다.

고지식함과의 컬래버

바버
Barbour

바버의 왁스드Waxed 재킷을 애지중지하는 사람들을 보면, 마치 식물이나 동물을 기르는 듯한 애정을 느낄 수 있습니다. 그들에게 옷은 단순한 의복이 아니라, 시간을 들여 정성스럽게 가꾸는 대상입니다. 일반적이라면 버려질 만큼 낡은 재킷도 이들에게는 여전히 의미 있는 존재입니다. 왁스를 덧입히고, 에이징을 즐기며, 세월의 흔적을 기꺼이 받아들이는 태도는 단순한 사용을 넘어 하나의 의식에 가깝죠.

이러한 애정은 왁스드 재킷에만 국한되지 않습니다.

생지 데님 또한 같은 결을 지니고 있습니다. 어떤 이는 10년 가까이 세탁하지 않아 몸에 맞게 길들여진 생지 데님을 입고 바다에 들어가거나 욕조에 앉아 워싱을 하지요. 제 지인은 길들이던 생지 셀비지 데님이 아내의 실수로 세탁기에 들어가는 바람에 부부싸움을 벌이기도 했답니다. 만약 바버의 재킷이 그런 일을 겪는다면, 그 역시 쉽게 넘어가기 힘들 테지요. 이처럼 10년, 20년에 걸쳐 길들인 옷은 단순한 소비의 결과물이 아닙니다. 그것은 자신만의 이야기를 담아낸 시간이 담긴 옷입니다.

이런 문화는 단순한 취향을 넘어 특정 세대와 감수성의 맥락까지 품고 있습니다. 특히 에이징을 취미로 삼는 이들 가운데는 중년 남성이 많습니다. 그들은 디지털화된 세상과 거리를 두고, 아날로그적 감성을 지키려 하죠. 낡은 옷이 주는 외형적 스타일이 매력의 일부라면, 그보다 더 중요한 것은 사물과 시간 그리고 흔적에 대한 철학적 관념입니다. 이들에게 에이징은 옷에만 그치지 않고, 삶 전반에 스며드는 라이프스타일입니다. 있는 그대로의 원형 보존을 더 값진 것으로 여기는 건 상업적 럭셔리와는 다른 차원의 '관념적 럭셔리'라 부를 수 있습니다.

매거진〈B〉바버 이슈에 등장하는 경영진의 인터뷰를 보면, 그들이 얼마나 고집스럽게 자신만의 가치를 지켜왔는지 알 수 있습니다. 공장에서든 본사에서든 수십 년이 지나도록 같은 철학을 견지하고 있습니다. 그 오랜 시간의 축적이 바버만의 세계를 만들었다고 할 수 있죠. 웬만한 브랜드가 감히 흉내 낼 수 없는, 전통이 곧 경쟁력으로 자리 잡은 사례입니다.

흥미로운 것은 이토록 보수적인 전통 브랜드가 놀라울 만큼 유연한 태도를 보이는 순간이 있다는 점입니다. 바로 컬래버레이션입니다. 바버는 주로 신선한 브랜드와 손잡고 협업을 전개하며, 해당 브랜드의 이미지를 환기시킵니다. 심지어 특별한 개성이 없던 브랜드조차 바버와 함께하면 빛을 발하는 경우가 많습니다. 바버 특유의 단단하고 보수적 이미지를 파트너에게 접붙이는 구조 덕분입니다. 본래 바버는 특정 감수성을 지닌 소수에게 어울리는 브랜드였지만, 협업 아이템은 훨씬 폭넓은 대중과의 접점을 만들어냅니다. 이는 단순한 이벤트가 아니라, 바버에 새로움을 주입하는 R&D 센터와 같은 역할을 합니다.

클래식한 원형을 고집스럽게 지켜내면서도, 협업을 통해 자신을 끊임없이 새롭게 갱신하는 방식. 바버는 이 두 축을 균형 있게 운용하며 오랜 세월을 버텨왔습니다. 이 모델은 오늘날 브랜드를 만들고자 하는 이들에게도 하나의 길을 제시합니다. 그건 바로 자신만의 본질을 붙잡되 변화의 흐름과 유연하게 호흡하는 것입니다. 이러한 균형이야말로 시대를 넘어서는 브랜드를 창출하는 가장 검증된 방법입니다.

낡은 행복

대너
Danner

 잘 만든 가죽 부츠를 떠올리면 그 신발을 제작한 장인과 그걸 신는 사람이 함께 연상됩니다. 꼭 대너라는 특정 브랜드를 지칭하지 않더라도 말입니다. 닥터 마틴Dr. Martens처럼 일상적으로 신는 부츠를 만드는 곳도 있고, 알든Alden처럼 신사화에 가까운 가죽 부츠를 만드는 곳도 있습니다. 이들 브랜드는 대체로 오랜 세월 이어온 제조 공법과 스타일을 고수하며, 소재 또한 신중히 선택합니다. 그런 장인 정신을 품은 신발을 좋아하는 이들은 대개 특별한 애착을 드러내죠. 중요한 것은 구입한 물건이 아니라, 내 발에 맞게 길들이는 과정입니다. 또 신발이 닳거나 흠집이 나더라도 기꺼이 수선을 받아가며 오래 신으려는 마음을 갖고 있습니다. 이는 그걸 만든 장인에 대한 깊은 존중의 표현입니다. 그래서 그들에게 가죽 부츠는 소모품이 아니라, 스스로 완성해가는 재산의 일부에 가깝지요.

대너 부츠는 처음부터 멋을 의도하지 않았습니다. 견고한 작업화, 그 이상도 그 이하도 아니었죠. 미국 서부의 숲에서 벌목자들이 신는 작업화로 개발된 만큼, 철저히 현장의 필요에 의해 만들어졌습니다. 시간이 지나면서 이런 순수한 기능성이 오히려 미적 가치로 재해석되었고, 그것이 후대에 전해져 시대의 상징으로 자리 잡은 것이지요. 이처럼 미국의 실용 문화는 여러 분야에 흔적처럼 남아 있습니다. 완벽한 마감이나 화려함에 집착하기보다는 다소 투박하더라도 오래 버티고 실제로 쓰임새를 우선합니다. 리바이스Levi's의 초기 데님이나 카하트Carhartt의 워크 재킷은 튼튼함 하나만으로 존재 이유를 증명했습니다. 유럽의 장인 정신이 귀족과 사치 문화의 토대 위에서 발전했다면, 미국의 그것은 노동 현장의 필요와 생존 요구에서 비롯된 것입니다. 성실한 노동을 바탕으로 한 미국식 웰메이드에 매혹을 느끼는 이들은 지금도 적지 않습니다. 특히 일본에서는 이러한 제작 방식을 충실히 계승해, 옛 미국식 캐주얼웨어와 부츠의 레시피를 재현하려는 흐름이 꾸준히 이어지고 있습니다.

이러한 흐름은 겉으로는 잘 드러나지 않을 수 있습니다. 때로는 소수의 마니아 집단으로 치부되며, "아직도 그런 것에 빠져 있느냐"는 핀잔을 듣기도 하죠. 하지만 조금만 관심을 기울여 그들의 세상을 들여다보면 생각보다 진지하게 매료되어 있다는 걸 확인할 수 있습니다. 이처럼 소수의 취향과 기호를 이해하는 일은 결코 가벼운 문제가 아닙니다. 오랜 시간을 들여 길들이고, 오랜 시간을 들여 제작하는 이들에게서 공통적으로 드러나는 감정은 바로 행복감입니다.

그렇기에 대너를 잘 만든 신발로만 볼 수는 없습니다. 브랜드가 태어난 장소이자 지금도 뿌리를 내리고 있는 미국의 도시 포틀랜드. 그곳에서 살아가는 사람들이 서로 주고받는 가치가 곧 대너의 의미를 형성합니다. 자신의 행복감을 위해 하는 일이 타인의 행복감과도 연결되어 있다는 감각이 대너를 만들고 신는 사람들이 보여주는 삶의 방식입니다. 더 짧게 일하고 더 큰 수익을 얻을 수도 있지만 여전히 부츠 제작을 고집하는 장인, 더 저렴한 가격의 제품으로 만족할 수 있음에도 굳이 대너 부츠를 선택해 직접 길들이는 사용자. 이 둘 사이에는 단순히 효율을 좇는 시장 논리와는 다른 기준이 작동합니다. 빠른 성장과 규모의 확대만이 비즈니스의 해답은 아니라는 점을 대너는 몸소 증명하고 있는 것입니다.

브랜드를 평가할 때 '잘 만든 제품'이나 '성공한 비즈니스'라는 틀만으로는 충분하지 않습니다. 겉으로는 소수의 취향과 덕후 문화처럼 보일지라도, 그 안에는 시장을 움직이고 장기적 가치를 만들어내는 힘이 숨어 있습니다. 쉽게 정의할 수 없는 이 맥락을 간과한다면, 우리는 브랜드의 절반밖에 읽어내지 못하게 됩니다.

모스콧은 고객의 얼굴형에 맞게 선택할 수 있는 다양한 프레임 사이즈를 제공한다. ⓒ한상균

매거진〈B〉메종 마르지엘라 이슈의 표지 디자인 ©매거진〈B〉

오랜 시간 길들인 대녀의 부츠는 계속 고쳐 신으면서 '나만의 부츠'가 된다.
상처투성이가 되도록 오래 신은 부츠를 처음 모습으로 되돌려놓는
'리크래프트'를 거친 부츠 ©박성훈

바버의 컨트리 웨어Country Wear 라인을 입고 있는 모델.
시골에서 살면서 일하고, 여유롭게 여가 활동을 즐기는 사람을 위한 컬렉션이다. ©김상곤

바르셀로나의 특유의 휴양지 분위기를 살린 소호 하우스인 리틀 비치 하우스
바르셀로나 Little beach house Barcelona ⓒ박성훈

라파 클럽하우스에 모인 라파의 팬이자 라이더들의 모습 ⓒ미네기시 신지

룰루레몬의 요가복을 입고 거리를 걷는 풍경 ⓒ신동훈

호시노야 가루이자와만의 식사 경험을 제공하는 계단식 다이닝 공간 ©맹민화

호시노야 교토는 유서깊은 옛 건축물을 그대로 살리고 내부만을 개조했다. ⓒ맹민화

스타우브를 상징하는 주물 냄비 꼬꼬떼 Cocotte ©우정훈

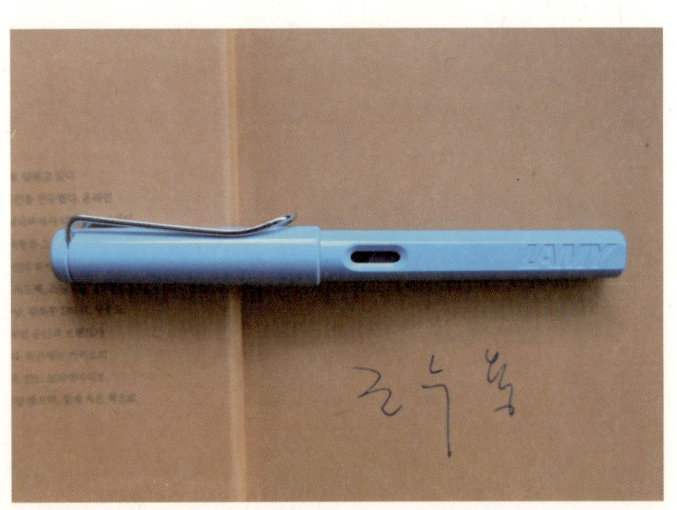

《일의 감각》 독자들과 만나며 사용한 저자의 라미 사파리 ⓒ매거진〈B〉

저자의 현재 애플 뮤직 앱 홈 화면

서점의 역할

츠타야
Tsutaya

　제이오에이치JOH를 운영하며 기업은 어떤 가치관을 가지고 존재해야 하는가를 늘 고민해왔습니다. 그 답을 찾아가는 과정의 산물 중 하나가 바로 매거진〈B〉입니다. 〈B〉가 주목해온 기업들은 대부분 제품 판매 전략만으로는 설명할 수 없는 곳들이었습니다. 그들의 뿌리에는 언제나 삶의 방식이 있었고, 그 방식이 켜켜이 쌓여 브랜드라는 형태를 이뤘습니다. 지금 우리의 일상은 소유의 경제에서 경험의 경제로 빠르게 옮겨가고 있습니다. 단순히 물건을 소유하는 것보다 나만의 경험을 어떻게 설계하고 공유하느냐가 더 큰 가치를 만들어내죠. 그리고 그 중심에는 자본이 아니라, 사람들의 라이프스타일에 대한 이해가 자리합니다.

츠타야는 '라이프스타일을 파는 서점'으로 알려져 있습니다. 인터넷 서점이 하루 만에 책을 무료 배송하는 시대에 오프라인 서점이 어떤 의미를 가질 수 있을까요? 츠타야는 스스로를 단순한 서점이라 정의하지 않습니다. 오히려 자신들이 제안하는 라이프스타일이 일본 문화 산업을 지탱한다고 말합니다. 공공기관이나 대기업의 사회 환원 사업이 맡을 법한 역할을 자신들은 비즈니스로 풀어내고 있다는 것이죠.

⟨B⟩는 츠타야 이슈를 만들며 더욱 확신하게 되었습니다. 우리가 사는 공간과 그 공간을 채우는 콘텐츠, 그리고 그것이 제안하는 라이프스타일이야말로 시대를 관통하는 중요한 언어라는 사실을 말입니다. 마스다 무네아키Muneyaki Masuda사장은 ⟨B⟩와의 인터뷰에서 "비즈니스란 곧 고객 가치"라며, "기업에는 플랜을, 소

비자에게는 라이프스타일을 제공하는 것"이라고 정의했습니다. 누구나 떠올릴 수 있는 평범한 아이디어, 이를테면 '커피를 마시며 책을 읽을 수 있는 분위기 좋은 공간'을 츠타야는 실제 비즈니스 모델로 확장했습니다. 그리고 전 세계 사람이 도쿄를 방문하면 반드시 들르는 목적지가 되도록 만들었죠.

그 과정은 결코 평탄하지 않았습니다. 보수적 정서가 짙은 다이칸야마에 대규모 부지를 빌려 불가능에 가까운 인허가 과정을 극복하고, 넓은 주차장과 함께 서점과 식당·숍이 어우러진 작은 마을 같은 공간을 조성했습니다. 반드시 책을 사지 않아도, 브런치를 즐기거나 강아지를 산책시키기 위해 들를 수 있는 장소. 서점 안에 스타벅스가 자리해 있고, 책의 분류도 기존의 도서관식 체계가 아니라 직관적이고 흥미로운 라이프스타일 키워드를 중심으로 구성했습니다. 특히 매거진 코너는 츠타야가 정의하는 '라이프스타일의 출발점'이자, 브랜드의 핵심 신념을 드러내는 공간입니다.

최근 츠타야는 리모트 워크Remote work 시대에 발맞춰 코워킹 스페이스인 셰어 라운지Share Lounge를 더했습니다. 책으로 둘러싸인 공간에서 커피를 마시며 일할 수 있는 경험을 역시 라이프스타일 제안의 일부로 풀어낸 것입니다. 츠타야의 공간은 부동산 개발, 테넌트Tenant 운영, 카페와 회원제 라운지, 책과 물건을 함께 파는 매장, 그리고 다양한 이벤트까지 서로 다른 업종과 방식을 촘촘하게 연결한 종합예술에 가깝습니다.

저는 도쿄를 방문할 때마다 다이칸야마 츠타야에 꼭 들러 매거진〈B〉가 큼지막하게 진열된 서가를 확인하곤 합니다. 그 순간이 저에겐 작은 성취이자 감동으로 다가옵니다. 그런 경험이 있었기에 사운즈한남Sounds Hannam에서 '스틸북스Still Books'를 만들고 운영할 수 있었지요. 지금은 사라지고 추억만 남았지만, 스틸북스는 제게 여전히 소중한 기억으로 존재합니다. 츠타야의 공간에서 배운 교훈이 제 삶과 일에도 깊은 흔적을 남긴 셈입니다.

브랜드의 롤모델

무인양품
Muji

무인양품은 오랫동안 제게 우상과 같은 브랜드입니다. 디자이너로서도, 브랜드를 다루는 잡지의 발행인으로서도 예외는 아닙니다. 단순함과 실용성, 합리적 가격, 그리고 삶에 대한 철학까지. 브랜드가 가질 수 있는 역량을 수치화한다면 무인양품은 거의 모든 항목에서 완벽에 가까운 점수를 받을 것이라 생각합니다.

무인양품의 철학 가운데 가장 곱씹어볼 만한 것은 단연 '단순함'입니다. 산업화와 소비의 혼돈 속에서 이들은 고요하고, 주장하지 않는 아름다움을 택했습니다. 간혹 그걸 일본적이라고 해석하는 경우도 있지만, 사실 일본 평균이라기보다는 극단에 가깝습니다. 생활인이라기보다는 수행자, 장인이라기보다는 사상가의 태도에 더 근접하죠. 애플이 미국적임의 평균이 아니라 극단의 한쪽을 대표하는 것과도 비슷합니다. 무인양품은 단순히 '소비를 줄이자'는 메시지를 던지는 브랜드가 아닙니다. 현대 소비사회의 본질을 성찰한 끝에 등장한 사상적 결과물이라고 할 수 있습니다.

재밌는 건 저에게만큼은 무인양품이 소비를 억제하는 브랜드가 아니라는 사실입니다. 오히려 매장에 들어서면 계획에 없던 물건을 자꾸 충동적으로 집어 들게 되니 말입니다. 대신 그게 '양질의 제품'이라는 확신을 줍니다. 욕실에서 물을 뜨는 버킷이나 작은 테이블 빗자루조차 세심하게 디자인하는 브랜드가 세상에 얼마나 있을까요? 물건은 기능만 충족해도 충분한데, 그냥 놓아두어도 마음이 편안해지죠. 그들의 단순함은 곧 아름다움입니다.

잘 만든 물건은 생활 습관을 바꿉니다. 무인양품의 물건을 쓰다 보면 생활에 더 정성스럽게 임하게 되고, 그렇게 태도가 달라지면 삶 자체도 변합니다. 무인양품을 좋아하는 사람이라면 누구나 공감할 경험일 겁니다. 회장 가나이 마사아키Masaaki Kanai가 〈B〉와의 인터뷰에서 "조금 더 정성스럽게 생활합시다"라고 말한 것도 같은 맥락입니다. 잘 만든 물건이 생활 습관을 바꾸고, 곧 삶을 바꾼다는 믿음, 그래서 '이건 무인양품에서 사야겠다'는 생각이 들면 대안은 없습니다.

무인양품의 아름다움은 어떻게 만들어질까요? 대개는 창업자나 디렉터의 고집과 감각이 브랜드를 규정하는데, 무인양품은 달랐습니다. 이들은 중요한 크리에이티브 의사 결정을 '어드바이저리 보드Advisory board'라는 자문 조직에 맡겼습니다. 하라 겐야Kenya Hara, 후카사와 나오토Naoto Fukasawa, 고이케 가즈코Kazuko Koike 같은 세계적 전문가들이 디자인·공간·커뮤니케이션 전반에 참여했죠. 내부의 틀에 갇히지 않고 외부의 지혜를 과감히 받아들인 덕분에 브랜드의 깊이와 유연성을 동시에 확보할 수 있었습니다. 이는 최고경영자의 과감한 결단 없이는 불가능했을 방식이기도 합니다.

철학이 단단히 자리 잡은 브랜드는 어떤 분야로든 자신 있게 확장할 수 있습니다. 무인양품은 가구와 생활용품을 넘어 집과 호텔, 카페와 레스토랑까지 영역을 넓히며 자신들의 세계를 구현하고 있습니다. 사람들은 무인양품이 만든 것이라면 안심하고 선택하며 기대까지 덧붙입니다. 그건 브랜드가 도달할 수 있는 가장 이상적인 모습입니다.

무인양품은 단순한 물건이 아니라 생활 습관과 철학을 팔고 있습니다. 잘 만든 물건이 삶의 방식을 바꿀 수 있다면, 브랜드가 할 수 있는 일은 어디까지일까요?

파도를 기다리며

파타고니아
Patagonia

'서핑'이라는 단어를 들으면 제 머릿속에는 두 가지 이야기가 떠오릅니다. 하나는 일본의 그래픽디자이너 사토 다쿠Taku Sato가 저녁 식사 자리에서 들려준 이야기입니다. 그는 서핑 마니아로서 서핑의 본질을 이렇게 표현했습니다. "서핑은 지구의 중력과 달의 인력 사이에서 균형을 잡는 것과 같아서 지구를 넘어 우주의 개념으로 즐기는 스포츠다." 적지 않은 나이의 디자이너가 주말마다 좋은 파도를 기다리며 도쿄 근교의 바다로 향하는 이유를 그렇게 설명하는 순간 저는 서핑을 전혀 다른 차원, 즉 우주적으로 받아들이게 되었습니다.

또 하나의 이야기는 파타고니아의 창업자 이본 쉬나드Yvon Chouinard가 쓴 책입니다. 제목은 《파도가 칠 때는 서핑을(Let My People Go Surfing)》입니다. 경영과 마케팅 서적 사이에서 만난 이 책은 기업이 무엇을 위해 존재해야 하는지, 직원과 사회에 어떤 책임을 져야 하는지를 깨닫게 해주었습니다. 파도가 칠 때면 직원들이 일을 잠시 내려놓고 서핑을 즐길 수 있어야 한다는 그의 메시지는 단순한 비유가 아니라, 가슴 뛰게 하는 기업 철학 그 자체였습니다.

제가 〈B〉를 처음 기획하면서 가장 완벽한 브랜드 중 하나로 꼽았던 것도 파타고니아였습니다. 기업이 세상에서 어떤 역할을 수행해야 하는지, 제품의 생산과 홍보에서 어떤 철학을 지켜야 하는지, 직원과 그 가족의 삶을 어떻게 존중해야 하는지를 파타고니아는 일관되게 보여주었습니다. 그들의 비즈니스가 성장하는 과정을 지켜보며, 결국 옳은 길은 증명된다는 사실을 깨달았습니다. 소비자에 대한 존중과 브랜드의 사회적 뿌리내림은 이런 철학 위에서 가능하다는 확신도 갖게 되었죠.

광고를 거의 하지 않는 파타고니아가 자사 제품을 소개하며 "이 재킷을 사지 마세요(Don't buy this jacket)"라는 카피를 내세운 것은 그 철학을 단적으로 드러낸 사례입니다. 얼핏 기업의 이익과는 상반될 것 같은 마케팅 기법이지만, 이런 이상이 실제가 되기 위해서는 그 이면에 철저하고 꼼꼼한 경영 원칙이 있어야 합니다. 쉬나드가 자신의 책에서 재무 철학에 한 챕터를 할애한 것도 같은 맥락입니다. 사회봉사 단체처럼 보이는 메시지와 마케팅에는 정교하고 투명한 관리가 뒷받침되어 있음을 절대 잊어서는 안 됩니다.

좋은 파도가 치는 날 직원이 서핑을 하러 떠날 수 있도록 하거나 사무실만큼이나 크고 정성스러운 보육 시설을 두는 것, 이 모든 것은 법적 의무가 아니라 기업의 진정성에서 비롯된 원칙입니다. 창업자도 아닌 평직원이 대를 이어 자부심을 갖고 일하는 모습은 무작정 돈만을 좇는 기업에서는 결코 볼 수 없지요.

최근 이본 쉬나드와 그의 가족이 파타고니아 지분 100%를 사회에 환원하며, "지구가 우리의 유일한 주주"라고 선언해 전 세계를 놀라게 했습니다. 이제 파타고니아의 이익은 전적으로 환경을 위한 활동에 쓰이게 되었습니다. 이처럼 숭고한 결정을 내릴 수 있는 기업이 다시 나타날 수 있을까요? 그러나 분명한 것은 이 선택으로 인해 파타고니아는 앞으로 더 많은 직원과 소비자에게 존경과 사랑을 받을 것이라는 사실입니다.

브랜드는 세상에 어떤 파장을 남기느냐로 평가받습니다. 파타고니아가 우리에게 남긴 파장은 단순히 제품이나 광고가 아닙니다. 그것은 기업도 자연의 일부로서 책임을 다해야 한다는 믿음이며, 더 넓게는 우리 각자가 어떤 지향을 갖고 살아야 하는지에 대한 질문이기도 합니다.

디렉터의 역할

샤넬
Chanel

  샤넬은 과거에도 현대에도 시대를 관통하며 언제나 선망의 대상입니다. 부모 세대의 관심이 잠시 시들해져도 샤넬을 걱정할 필요는 없습니다. 자녀 세대가 다시금 욕망하게 될 브랜드이기 때문입니다. 샤넬의 성취는 세대를 넘어 이어지도록 치밀하게 구축되어왔습니다.

  샤넬을 갖고, 입고, 들고 싶다는 욕망은 곧 주목받고자 하는 마음과 맞닿아 있습니다. 그 욕망이 없다면 샤넬을 선택할 동기도 사라질 것입니다. 많은 럭셔리 브랜드가 비슷한 욕망을 자극하지만, 샤넬의 독보성은 창립자 코코 샤넬Coco Chanel에서 비롯됩니다. 대부분의 사람이 에르메스나 루이 비통의 기원은 정확히 알지 못해도, 샤넬은 멋진 여성 디자이너가 시작했다는 사실만큼은 기억합니다. 코코 샤넬은 단순한 창업자를 넘어 브랜드 자체의 아이콘이 되었고, 실존 인물이 곧 브랜드의 상징으로 자리 잡은 드문 경우입니다.

샤넬이 만든 패션의 흐름은 당시 여성복의 관습을 그대로 따르지 않았습니다. 오히려 남성복에서 차용한 아이템이나 중성적 소재 활용처럼 기존 질서를 벗어난 시도가 많았습니다. 매거진⟨B⟩ 샤넬 이슈의 표지에 등장한 트위드재킷 역시 그 대표적 사례입니다. 본래 영국 귀족 남성들이 사냥이나 승마 때 입던 재킷을 샤넬 특유의 감각으로 변주한 것이죠. 대표 가방인 2.55백 역시 같은 맥락입니다. 당시 여성에게 허용된 건 작은 클러치뿐이었지만, 샤넬은 여성의 양손을 자유롭게 할 수 있는 숄더백을 제안했습니다. 혁신은 이렇게 일상의 불편을 직시하고, 그것을 다른 시선으로 풀어낼 때 탄생합니다. 샤넬은 그 과정을 이야기로 만들었고, 사람들은 그 이야기에 매료되었습니다.

럭셔리와 그렇지 않은 것을 가르는 기준은 결국 스토리텔링입니다. 오래된 전통이든 마케팅이 만든 설정이든, 소비자가 공감하고 전파할 수 있느냐가 갈림길이 됩니다. 샤넬은 역사 자체가 곧 이야기이지만, 오직 과거만으로 존재하지 않습니다. 코코 샤넬의 뒤를 이은 칼 라거펠트Karl Lagerfeld는 크리에이티브 디렉터로서 그 유산을 충실히 계승했습니다. 그의 개성이 자연스럽게 녹아들었지만, 무엇보다 코코 샤넬의 세계를 동시대의 감각으로 해석하고 새롭게 풀어내는 데 주력했죠. 개인의 이름 대신 브랜드의 언어를 우선했기에, 샤넬은 코코 이후에도 한결같은 색을 유지할 수 있었습니다.

샤넬의 역사가 전하는 메시지는 분명합니다. 강력한 스토리는 한 사람의 생애를 넘어 세대를 잇고, 후대의 크리에이터들이 그 스토리를 어떻게 계승하느냐에 따라 브랜드의 생명력이 결정됩니다. 샤넬은 이야기와 전승이 어떻게 브랜드를 영속하게 만드는지를 보여주는 가장 완벽한 사례입니다.

사적이고 소중한 경험

스포티파이
Spotify

넷플릭스에서 공개한 TV 시리즈 〈플레이리스트〉는 스포티파이의 탄생과 성장 과정을 여러 인물의 시선으로 풀어낸 작품입니다. 공동 창립자 다니엘 에크Daniel Ek와 마틴 로렌트손Martin Lorentzon을 비롯해 유니버설 뮤직Universal Music 스웨덴의 임원, 첫 CTO, 법률 자문가 등이 같은 사건을 서로 다른 이해관계 속에서 바라보는 장면은 음악 산업의 변화를 입체적으로 이해하게 도와줍니다. 얼핏 평범한 IT 창업 성공담처럼 보이지만, 실제로는 스포티파이의 등장이 음악 산업 전체에 어떤 지각변동을 일으켰는지를 드러내는 기록이기도 합니다. 특히 음반사와의 주도권 다툼이야말로 스포티파이가 넘어야 했던 가장 큰 산이었고, 이 협상을 성사시킨 것이 기술혁신 이상으로 본질적 전환점을 만들었습니다.

물리적 음반 판매로 수익을 내던 기존 음반사들에 스트리밍은 분명 위협이었지만, 수익 배분의 합의점을 찾은 순간 상황은 바뀌었습니다. 결과적으로 메이저 음반사들이 차례로 음원을 공급하며 지금의 거대한 시장이 형성된 것이죠. 아이러니하게도 오늘날 음반사는 스트리밍 정산만으로도 생존이 가능해졌으니, 스포티파이가 세상을 바꿨다는 말이 결코 과장은 아닙니다.

스포티파이를 가능하게 한 것은 '음악을 스트리밍한다'는 아이디어나 그것을 구현한 기술만이 아니었습니다. 음반사와의 협상을 뚫어낸 결단과 끈기가 훨씬 근본적인 변화를 가져왔죠. 물론 정확하게 맞닥뜨린 음악 산업의 변곡점, 그리고 음악 시장의 주변부로 여겨지던 스웨덴에서 출발했다는 것이 스포티파이에는 오히려 더 유리하게 작용했는지도 모릅니다.

스포티파이의 등장은 무엇보다 음악 소비 방식을 완전히 바꿔놓았습니다. 아티스트가 정규 앨범 단위로 작업하던 시절에는 LP나 CD 한 장에 담을 수 있는 약 60분의 러닝타임을 어떻게 구성할지가 핵심 과제였지요. 하지만 스트리밍이 보편화되면서 이제는 창작자의 의도보다 감상자의 선택을 우선하는 시대가 되었습니다. 앨범 중심의 유통 구조는 점차 싱글 발매 중심으로 이동했고, 음악 애호가에게는 아쉬움이 남기도 했습니다. 저 역시 좋아하는 아티스트가 정규 앨범을 내면 여전히 트랙 순서를 지켜가며 처음부터 끝까지 감상하지만, 저만의 플레이리스트를 만드는 즐거움도 놓치지 않습니다.

그 어느 기업보다 AI Artificial intelligence에 기술 투자하고 서비스에 적용해왔던 스포티파이는 최근 전체 음원의 절반 가량을 삭제했습니다. 아이러니컬하게도 그

건 AI로 무분별하게 생성된 음원들이 대상이었습니다. 어떤 것이 AI로 개념없이 만든 음악이고, 어떤 것이 AI를 적절하게 잘 활용한 음악인지를 구분하는건 쉽지 않을겁니다. 물론 그것조차 곧 AI가 걸러내겠지만, 인간이 궁극적으로 어떻게 행동해야 하는지를 드러낸 결단이었고, AI를 통한 창작에 대한 상징적인 사건이었습니다.

대부분 그렇겠지만 논리적으로 음악을 좋아하는 게 아니라 음악을 통해 사람이 전하는 메시지에 공감하는 마음으로 좋아하는게 아닐까요. 저는 더 많은 사람들이 음악을 유행이나 인기차트로 소비하는 대신, 자신만의 감성을 가진 플레이리스트를 통해 공감되고 무한히 확장되는 세계를 경험하길 바랍니다. 음악 감상은 지극히 사적이고 소중한 경험이니까요.

의식 있는 자본

이케아
Ikea

최근에 만난 한 지인이 하와이에는 이케아가 없어 사람들이 가구를 사러 코스트코Costco에 간다고 말하더군요. 저에게는 이 말이 세상은 '이케아가 있는 도시와 없는 도시'로 나뉜다는 의미로 들렸습니다. 이렇듯 이케아는 단순한 가구 브랜드를 넘어 현대 도시 문명의 척도를 가늠하는 지표처럼 작동합니다. 더 많은 사람이 손쉽게 '디자인된' 삶을 누릴 수 있도록 다양한 선택지를 제공하면서, 이케아가 들어선 도시는 자연스럽게 인테리어 시장 규모와 수준이 함께 성장합니다.

한국 역시 이케아가 들어온 이후 양적·질적으로 한 단계 도약했습니다.

저에게 이케아에 대한 첫 기억은 20대 초반 유럽 배낭여행길에서 마주한 스웨덴의 매장이었습니다. 외부 세계와 단절된 채 끝없이 이어지는 미로 같은 쇼룸 공간에서 펼쳐진 풍경은 마치 다른 차원의 파라다이스 같았습니다. '북유럽 사람들은 이렇게 저렴하고 아름다운 수많은 물건들을 쓰며 살아가는구나.' 그런 부러움이 머릿속에 남았고, 이후 오래도록 저에게 한국은 '이케아 없는 나라'였습니다.

〈B〉 이케아 이슈에서 특히 인상 깊었던 구절이 있습니다. "이케아의 고객은 돈보다 시간이 많다." 매장에 직접 가서 고르고, 차에 실어 나르고, 집에서 직접 조립하는 과정을 통해 소비자는 자신이 선택한 물건에 합리성과 정당성을 부여합니다. DIY는 사실 즐거운 것만은 아닙니다. 저 역시 몇 번 큰 가구를 조립하느라 고생한 적이 있습니다. 하지만 그 끝에는 묘한 성취감과 안도감이 찾아옵니다. 마치 이른 아침 운동을 끝내고 건강한 한 끼를 먹은 뒤 느끼는 감정처럼 말이죠. 물리적 노동을 들여 소비의 죄책감을 상쇄하는 것, 이것이 이케아의 독특한 마법입니다.

저는 이케아의 물건을 '가장 저렴한 오리지널 디자인'이라고 정의합니다. 단순히 합리적 가격만을 제안하는 것이 아니라, 그 앞에 반드시 '수준 이상의 디자인'이라는 단서가 붙습니다. 누구나 좋은 디자인에 접근할 수 있도록 한 것이 이케아의 가장 위대한 성취입니다. 이케아는 이를 '데모크라틱 디자인'이라 부르죠. 그렇게 디자이너의 이름을 제품에 남기고, 외부 디자이너에게도 협업 기회를 열어놓습니다. 이케아의 민주성은 두 방향에서 빛을 발합니다. 소비자에게는 합리적 가격을 제안하고, 디자이너에게는 명예로운 참여를 경험하게 하는 것이지요.

디자이너에게 단 몇 점의 작품을 뮤지엄에 남기는 것보다 더 가치 있는 일은 누군가의 일상을 바꾸는 것

아닐까요? 그런데 이런 일은 디자이너 혼자 힘으로 되는 게 아닙니다. 기업이 이윤만을 좇지 않고 더 나은 삶을 제안하려는 의지를 가질 때 비로소 가능합니다. 이케아는 그 사실을 잘 보여줍니다. 좋은 디자인을 모두의 권리로 만든 주체는 결국 의식 있는 자본이니까요.

자기 인식

디제이아이
DJI

드론에 처음 관심을 갖게 되면 누구나 DJI부터 살펴보게 됩니다. 하나의 브랜드 안에서 취미용부터 전문가용까지, 심지어 영상과 음향 장비까지 아우르는 완결된 생태계를 구축한 DJI는 드론 시장을 사실상 평정했습니다. 전장의 군인과 유튜버가 같은 브랜드를 사용한다는 사실 자체가 DJI의 위상을 단적으로 보여줍니다.

DJI의 성공은 한 기업의 성취를 넘어섭니다. 그것은 국가와 문화, 교육이 결합해 만들어낸 중국의 저력을 보여주는 상징적 사례입니다. 샤오미Xiaomi가 가성비의 이미지를 각인시켰다면, DJI는 경쟁자들이 넘보기 어려운 고지를 기술로 돌파하며 전혀 다른 서사를 썼습니다. 중국은 가성비라는 고정관념이 통용되던 시대는 이미 오래전에 끝났습니다. 이제 '메이드 인 차이나'는 오히려 정교한 기술과 함께 대담한 디자인 전략을 의미합니다.

이러한 변화 속에서 중국의 브랜드들은 디자인과 브랜딩에서도 자신들만의 언어를 확보하기 시작했습니다. 과거 풀지 못하던 과제를 자각하고, 그 약점을 정직하게 인정한 뒤 과감한 투자와 실행으로 돌파해낸 결과입니다. 〈B〉와의 인터뷰에서 DJI가 보여준 모습은 특히 인상적이었습니다. 브랜드 내부의 주요 실무자들이 디자인이나 서비스의 부족함을 스스럼없이 인정했다는 점이죠. 보통 기업이라면 숨기거나 포장하기 바쁠 영역을 DJI는 오히려 투명하게 드러냅니다. 그 부족함을 공유하는 순간, 조직의 주파수는 하나로 맞춰지고 실행은 훨씬 매끄러워질 테지요. 이러한 문제의식을 기반으로 세계 최고 수준의 전문가를 찾아 협업을 의뢰하고, 그 결과를 기꺼이 받아들였습니다.

일반 기업들과는 다른 바로 이 지점이 오늘날 중국 기업의 저력일지도 모릅니다. 스스로를 객관적으로 인식하고, 부족한 점을 숨기지 않으며, 목표를 정한 뒤 거침없이 실행하는 태도. 그보다 강력한 원동력은 없습니다.

"왜 우리는 성공한 브랜드가 되지 못하는가?" "어떻게 하면 성공한 브랜드를 가질 수 있는가?"라는 질문은 전략 이전의 문제입니다. 브랜드는 화려한 마케팅이나 뛰어난 제품으로만 완성되지 않습니다. 그 출발점은 언제나 자기 인식에 있습니다. 자신이 어디에 서 있는지를 냉철히 바라보고, 집요한 열망으로 부족함을 메워나가야 합니다. DJI는 "브랜드란 스스로를 얼마나 정확히 이해하고 있는가?"라는 질문에서 시작된다는 단순한 진리를 우리에게 보여줍니다.

어른의 애착 기계

미니
Mini

내 소유의 자동차에 애착을 가지다 보면 어느새 동반자 같은 존재가 됩니다. '반려 자동차'라고 불러도 지나치지 않을 정도입니다. 매일 대하다 보면 마치 나를 바라보는 듯한 표정을 읽기도 하죠. 자동차는 브랜드마다 고유한 표정을 갖고 있어 의인화하기 쉬운 대상인데, 그중에서도 미니는 유독 호감을 부르는 귀여운 '얼굴'을 지녔습니다. 그래서 미니를 좋아하는 사람은 흔히 말하는 T형보다 F형에 가까울지도 모릅니다. 무언가를 결정할 때, 이성과 논리보다 감정과 감성이 더 앞서는 사람들이죠.

이러한 미니의 감성은 쿠퍼Cooper 라인업에서 가장 극대화됩니다. 3도어라는 희소성은 물론, 디자인만 놓고 봤을 때 전반적인 비례감이 뛰어납니다. 어느 방향에서든 안정적으로 보이고 자그마한 차체가 땅에 단정하게 붙어 있는 듯한 인상은 미니 디자인의 큰 매력 중 하나입니다. 특히 앞 유리의 각도가 서 있어 박스 카Box car의 뉘앙스를 살려주며, 좌우에 하나씩 자리한 큰 도어가 차체의 비례를 완벽하게 유지해줍니다.

이런 이야기를 듣다 보면 미니를 단순히 '예쁜 차'로만 오해하기 쉽습니다. 그러나 미니처럼 뚜렷한 개성을 가진 차가 짜릿한 주행 경험까지 제공하는 건 보기 드뭅니다. 단단한 서스펜션과 무거운 핸들로 유명해서 다소 거칠게 몰아야 진가를 발휘하거든요. 최근에는 전반적인 주행 경험이 평준화되면서 미니 역시 한결 점잖아졌지만, 여전히 고유의 캐릭터는 살아 있습니다. 그래서 귀여운 디자인에 끌려 샀다가 실제 운전할 때 묵직하고 딱딱한 감각 때문에 놀라는 경우도 적지 않습니다.

이러한 개성은 BMW 그룹에 인수되면서 더욱 공고해졌습니다. BMW 역시 '운전의 즐거움'을 기치로 고유한 주행 감각을 쌓아온 브랜드이기에 미니와의 결합은 최적의 궁합이라 할 수 있습니다. 미니는 어느 기업이든 탐낼 만한 브랜드였지만, BMW를 모회사로 만난 것은 행운에 가까운 선택이었습니다.

엔진차의 시대가 저물고 전기차의 시대로 접어들면서, 최근 미니의 모습도 많이 달라졌습니다. BMW 인수로부터 30여 년이 지난 지금, 그들의 다음 10년이 궁금해집니다. 개인적으로는 디지털 음원 시대에도 여전히 LP 감상이 하나의 취향으로 남아 있듯, 엔진차 미니 또한 하나의 장르로 존중받으며 오래 달릴 수 있기를 바랍니다. 그래서 저는 5년 전 구입한 미니 쿠퍼를 가능한 한 오래 곁에 두고 싶습니다. 그것은 단순한 이동 수단이 아니라, 시간을 함께 겪어낸 우리 가족의 동반자이기 때문입니다.

중요한 거래처

미스터포터
Mr Porter

온라인 쇼핑몰과 매거진을 결합한 새로운 형식. 네타포르테Net-a-Porter의 남성 버전으로 탄생한 미스터포터가 등장했을 때 업계는 크게 술렁였습니다. 마치 새로운 비즈니스 장르가 열린 듯했고, '미디어 커머스'라는 말이 신조어처럼 퍼져나갔죠. 저 역시 그 흐름을 반가움과 호기심 속에서 지켜본 기억이 납니다.

네타포르테와 미스터포터를 만든 저널리스트 출신 내털리 매스넷Natalie Massenet은 "모든 미디어는 커머스가 되고, 모든 커머스는 미디어가 될 것이다"라는 말을 남겼습니다. 단순한 선언 같지만 당시에는 한 시대를 예견하는 듯한 울림이 있었고, 제게는 그 말이 유난히 멋지게 들렸습니다. 그러나 10여 년이 지난 지금, 미디어 커머스는 예전만큼의 힘을 발휘하지 못하는 것 같습니다. 몇 번의 클릭으로 가격 비교를 끝내는 시대에, 잘 만든 콘텐츠만으로는 설득력을 갖추기 어렵습니다. 누구나 온라인에서 자유롭게 물건을 판매할 수 있고, 소비자는 더 빠르게 실리적인 선택을 합니다. 화려한 미디어 대신 어떤 제품을 독점적으로 확보하고, 어떤 가격에 내놓느냐가 경쟁의 핵심이 되었죠.

매거진〈B〉가 미스터포터를 소개한 것은 2016년이었습니다. 그때 제가 주목한 지점은 미디어 커머스라는 모델 자체가 아니었습니다. 더 흥미로웠던 것은 그 안에서의 포지셔닝이었습니다. 많은 이가 미스터포터를 떠올리면 매끈한 편집이나 미니멀한 감각을 먼저 언급할 겁니다. 하지만 저에게는 남성만을 위한 독립 쇼핑몰을 별도의 이름으로 떼어냈다는 사실이 인상 깊었습니다. 당시 럭셔리 패션 시장은 명백히 여성 중심적이었지요. 트래픽만 따져도 남녀를 아우르는 통합 모델이 훨씬 유리했을 겁니다. 그럼에도 '미스터'라는 호칭을 내세우며 철저히 남성 시장을 겨냥했습니다. 단순히 남성복만 취급하겠다는 선언이 아니라, 앞으로 성장할 시장을 선점하겠다는 의지가 분명히 읽혔습니다. 소비자 입장에서도 그 존재감은 남달랐습니다. 온라인 유통에서 남성 패션은 늘 여성 카테고리의 뒤에 붙어 있었는데, 미스터포터가 처음으로 그 세계를 독립된 무대에 올려놓았던 것이죠. 소비자로서 저는 그러한 배려가 고맙게 느껴졌습니다.

또 하나, 미스터포터의 힘은 물류에서 드러났습니다. 겉으로 보이지는 않지만 대규모로 상품을 들여와 보관하고, 재고를 관리하며, 고객에게 정확히 배송할 수 있다는 것은 유통 업계에서 막강한 권한입니다. 브랜드 입장에서, 미스터포터는 단순한 소비자 접점이 아니라 중요한 거래처이기도 합니다. 시장의 승패는 바로 이 지점에서 갈립니다. 그래서 저는 〈B〉 미스터포터 이슈의 표지에 그들의 물류 센터 풍경을 담았습니다. 고급 패션의 유통은 좋은 아이디어나 세련된 콘텐츠만으로 굴러가지 않습니다. 미스터포터가 증명했듯, 사업의 핵심은 소싱과 물류라는 사실을 잊지 말아야 합니다.

오늘날 많은 브랜드가 공식 몰에서 아무런 비용조차 받지 않고, 글로벌 배송과 무료 환불을 당연하게 제공합니다. 그 결과 미디어 기능은 인스타그램 같은 플랫폼에, 커머스 기능은 브랜드 자사 몰에 내준 온라인 편집 매장들이 어떤 방식으로 돌파구를 찾을지가 관건이 되었습니다. 미스터포터를 비롯해 큐레이션을 기반으로 한 여러 커머스 모델은 지금 다시 실험대 위에 올라와 있습니다.

감성 부동산

위워크
WeWork

위워크는 한때 공유 경제의 아이콘이었습니다. 창립 15년이 지난 지금은 그 평가가 갈립니다. 어떤 이는 과도한 거품과 창립자의 도덕적 결함을 먼저 떠올리고, 또 어떤 이는 여전히 혁신의 순간을 만든 브랜드로 기억하죠. 저는 브랜드로서 위워크의 초기 수익 구조와 상품 전략을 높이 평가합니다. 그 이유는 단순한데, 오피스를 '함께 나누어 쓰는 자원'으로 재정의했기 때문입니다. 임대 공간을 쪼개어 다시 빌려주는 단순한 방식이지만, 그것을 현대적 언어와 감각으로 풀어내 전혀 다른 비즈니스를 탄생시켰습니다. 우리가 '혁신'이라고 부르는 것은 대개 이렇게 늘 있어왔던 업(業)의 본질을 새롭게 규정하는 순간에 일어납니다.

위워크는 기존 부동산 임대업이라는 질서에 젊은 창업자들이 도전한 사례였습니다. 뉴욕이라는 거대 도시에서 디지털 감각, 공간 디자인, IT 서비스를 한데 묶어 오피스라는 개념을 바꿔놓은 것이죠. 넷플릭스가 DVD 대여를 스트리밍으로 전환한 것처럼, 위워크는 오피스를 '공유'로 전환하며 익숙함과 새로움의 균형을 만들어냈습니다.

그들은 오피스를 둘러싼 다양한 어젠다를 수면 위로 끌어올렸습니다. 이제 오피스는 단순히 출근하는 건물이 아니라, 재택근무와 원격 협업의 파트너가 되기도 하고, 외부와의 신뢰를 쌓는 접점이 되기도 하며, 우편물만 받는 법적 주소로 축소되기도 합니다. 이런 변화 속에서 공유 오피스는 자연스럽게 가장 유력한 대안으로 자리했죠. 특히 스타트업이나 1인 기업에는 공간의 주소지가 브랜드 이미지 형성에 중요한 역할을 합니다. 위워크가 여전히 매력적인 선택지로 남는 이유입니다.

무엇보다 위워크가 강조한 커뮤니티는 기존 임대업에서는 상상하기 힘든 혁신이었습니다. '커뮤니티'라는 구호가 추상적으로 들리던 시절, 입주자들이 실제로 교류하고 협업하는 경험을 가능하게 했고, 그것이 곧 충성도를 높이는 자산이 되었습니다. 이 감성적 경험을 상품화했다는 점에서 위워크는 공간을 넘어 소프트웨어 브랜드에 가깝습니다. 컨시어지Concierge 개념을 도입하고, 커뮤니티 매니저를 두고, 앱을 통해 전 세계 입주자를 연결하는 것은 이제 새로운 표준으로 자리 잡았습니다.

물론 위워크는 팬데믹이라는 거대한 파도와 창립자의 스캔들을 끝내 극복하지 못했습니다. 그러나 그들이 발명한 '공유 공간'이라는 아이디어는 시장의 다른 경쟁자들에게 큰 영향을 미쳤습니다. 그 아이디어는 사람과 자본을 끌어들이는 힘을 간직한 채 지금도 계속 진화하고 있습니다. 이것이야말로 위워크가 남긴 가장 중요한 씨앗이자 진정한 유산일 것입니다.

궁극의 자산

디즈니
Disney

디즈니는 남녀노소 누구에게나 친숙한 브랜드입니다. 많은 이가 디즈니와의 첫 접점을 캐릭터를 통해 경험합니다. 미키마우스, 인어공주, 백설공주, 엘사 공주부터 픽사Pixar의 애니메이션에 이르기까지 귀엽고 친근한 등장인물 중 하나쯤에 누구나 마음을 준 적이 있을 겁니다.

디즈니의 모든 사업 중심에는 언제나 '이야기'가 자리하고 있지만, 창립자 월트 디즈니Walt Disney는 1957년에 이미 '디즈니 레시피'라 일컫는 종합 비즈니스 전략을 세웠습니다. 지금의 영화 콘텐츠를 중심에 두고, 출판·테마파크·머천다이즈·라이선스 등 여러 사업을 유기적으로 연결하는 순환 구조를 갖춘 전략이었죠. 이 모델의 장점은 한 분야의 실적이 부진하더라도 다른 영역이 이를 보완하며 전체가 안정적으로 돌아간다는 데 있습니다.

디즈니의 성장 엔진을 끊임없이 견인해온 막강한 동력은 지적 자산(Intellectual Property), 즉 IP입니다. 디즈니는 단순히 캐릭터와 스토리를 만드는 데 그치지 않고, 라이선스 비즈니스의 표준을 세우며 IP 산업의 초석을 놓았습니다. 스토리, 이미지, 사운드 등 형태는 달라도 콘텐츠에 고유한 의미와 맥락을 부여하는 자산이야말로 모든 사업의 기반입니다. 특히 AI가 본격적으로 상용화된 지금, IP의 중요성은 더욱 커졌습니다. 무엇이든 만들어낼 수 있는 기술이 존재하는 시대일수록 '누가' '어떤 의도'로 만들었는지가 콘텐츠의 결정적 가치를 좌우합니다.

애니메이션 〈겨울왕국〉은 개봉 이후 지금까지 20조 원에 이르는 매출을 기록하고 있는데, 총매출의 75% 이상을 라이선스와 상품 판매가 차지하고 있다고 합니다. 저는 월트 디즈니가 꿈꿨던 IP비즈니스 모델은 〈겨울왕국〉을 통해 완성되었다고 봅니다.

IP의 관점에서, 콘텐츠는 목적이 아니라 수단입니다. 책이나 음악·영상 같은 결과물은 하나의 IP를 형성하기 위한 매개일 뿐이며, 그것을 기반으로 새로운 접점을 만들고 수익 구조를 확장할 수 있을 때 비로소 사업화의 가능성이 열립니다. 지금 이뤄내고 있는 성과에 머무르지 않고, 그 뒤에 이어질 다음 장면까지 상상할 수 있어야 IP 시대의 진정한 경쟁력을 갖추게 될 것입니다.

최근 다시 화려하게 부활한 일본 산리오Sanrio의 캐릭터들처럼, 디즈니의 사례는 한 기업의 성공 방식을 넘어 모든 브랜드와 창작자에게 교훈을 줍니다. 이야기를 품은 자산만이 시대를 견딜 수 있다는 걸 말입니다.

인공지능의 도움으로 디지털 컨텐츠를 만드는 건 이제 대수로운 일이 아닙니다. 중요한 것은 만들 수 있는 능력이 아니라, '누가 어떤 취향과 의미를 담았는가?'입니다. 이것이 곧 브랜드이자 IP비즈니스의 출발점입니다.

사람이 기회다

넷플릭스
Netflix

지난 10여 년 동안 넷플릭스의 콘텐츠는 전 세계를 관통하며 문화의 흐름을 바꾸어놓았습니다. 동일한 작품을 동시에 각국의 언어로 제공하는 방식은 전례 없는 수준의 문화 교류를 만들어냈고, 그 최대 수혜자는 한국이었습니다. 이제 크리에이터들은 더 이상 특정 국가의 유통 구조에 얽매이지 않고, 기획력과 창작력만으로 국경을 초월해 경쟁할 수 있는 시대를 맞이했습니다.

넷플릭스는 1997년 DVD 대여 서비스로 출발했습니다. 기존 체인점과 달리 웹사이트와 우체국을 활용해 미국 전역에 서비스를 제공하고, 반납 기한과 연체료 개념을 없애며 월정액 무제한 대여라는 혁신을 도입했죠. 2000년대 초반, 저는 이 새로운 서비스에 매료되어 글을 기고한 적도 있습니다. 그때 전하고자 한 메시지는 단순했습니다. 업의 본질은 그대로 유지하면서 모두가 당연하게 여긴 것을 치열하게 고민해 우편을 결합한 혁신을 만들어냈거든요. 누구나 떠올릴 수 있는 아이디어였지만, 정작 아무도 시도하지 않던 일을 넷플릭스는 실행에 옮겼습니다.

DVD 시대가 저물고 스트리밍 시대로 넘어왔을 때도 넷플릭스는 본질을 지킨 채 새로운 기술 환경에 적응했습니다. 바로 정액제 기반의 영상 콘텐츠 무제한 시청을 시도한 것입니다. 그러나 스트리밍 초창기 넷플릭스의 위치는 언더독에 가까웠습니다. 언제든 거대 기업이 시장에 뛰어들 수 있다는 불안 속에서 넷플릭스가 꺼낸 다음 수는 놀라웠습니다. 외부 콘텐츠에 의존하지 않고 스스로 오리지널 시리즈 제작에 나선 것입니다. 당시에는 천문학적 제작비를 쏟아부으며 시리즈 제작에 나서는 게 무모해 보였지만, 지금은 업계의 상식이 되었습니다. 넷플릭스의 과감한 승부가 새로운 기준을 세운 것입니다. 그 밑바탕에는 과거의 성과에 안주하지 않고, 스스로 이룬 틀조차 탈피해 나아가려는 강한 의지가 있었습니다. 이제 넷플릭스는 디즈니처럼 〈케이팝 데몬 헌터스〉, 〈오징어게임〉을 IP로 정의하고 라이선스 사업을 다시 확장해가고 있습니다.

이런 넷플릭스의 차별적이고 도전적인 행보엔 사람 중심의 경영이 있습니다. 넷플릭스는 업계 최고의 인재들이 자율적으로 아이디어를 실행할 수 있도록 의사 결정을 단순화하고, 주인의식을 요구합니다. 실제로 넷플릭스 사람들과 이야기를 나눠보면, 그들의 자부심과 프로페셔널리즘이 남다르게 느껴집니다. 이는 "내가 곧 회사이고, 내가 곧 넷플릭스다"라는 확신에서 비롯됩니다.

넷플릭스의 의사 결정 대부분은 업의 특성상 지극히

주관적이고 인간적인 예측과 판단에 의존합니다. 일반 플랫폼 기업이라면 불확실성을 체계화해 리스크를 줄이는 데 집중할 테지만, 넷플릭스는 반대로 뛰어난 인재가 어떻게 자부심을 가지고 업무를 자기 일처럼 받아들이게끔 할 수 있을지를 고민합니다. 물론 이 전략은 양날의 검입니다. 성과를 내는 사람에게는 최고의 무대가 되지만, 그렇지 못한 사람에게는 하루도 버티기 힘든 가혹한 환경이 되기도 하니까요. 넷플릭스는 이런 리스크조차 성장 동력으로 받아들였습니다.

직원들의 이러한 자부심은 넷플릭스가 만들어내는 퍼포먼스로 드러납니다. 오늘날 엔터테인먼트 업계에서 가장 개방적 사고를 가진 인재들이 프로 선수처럼 몰입해 일하는 덕분에 넷플릭스는 여전히 '마지막까지 살아남을 스트리밍 서비스'로 꼽히며 확고한 위치를 유지하고 있습니다. 넷플릭스가 내놓는 방대한 콘텐츠를 모두 소화할 수 없다는 걸 알면서도, 또 생각만큼 그다지 방대하지 않다는 걸 알면서도 소비자들은 구독을 계속 이어갑니다. 그 동력은 사람들에게 있습니다. 기술도, 시스템도, 콘텐츠도 중요하지만 넷플릭스를 움직이는 것은 서비스를 만들고 운영하는 바로 그 사람들입니다.

평범한 특별함

아식스
Asics

《일의 감각》을 쓰면서 처음부터 저 스스로 정해둔 목표가 있었습니다. 그건 '특별한 평범함'이었습니다. 상반된 이미지가 겹친 엉뚱한 표현이긴 하지만, 아주 당연한 이야기를 평범하지 않게 전달하고 싶었거든요. 그건 지금 생각해도 참 무모했습니다. 평범하려면 누구나 이해하기 쉬운 내용과 문장이어야 하고, 특별하려면 그 깊이가 얕지 않아야 하기에 너무 어려운 목표를 세웠던 셈이지요. 어쨌든 글의 양이 많지는 않아도 내용은 가볍지 않고, 술술 읽히지만 생각은 오래 하게 되는 책을 만들고 싶었는데, 가끔은 그 노력을 알아봐 주는 분들을 만날 수 있어 참 좋았습니다.

최근 몇 년간 제가 외출할 때 주로 선택한 신발 브랜드는 아식스와 살로몬이었습니다. 그 이유를 곰곰이 들여다보니 제가 《일의 감각》을 쓸 때의 마음과 비슷했습니다. 평범하지만 특별해 보이고 싶은 마음 말입니다. 저에게는 특히 아식스가 그렇습니다. 아식스는 패션 피플들이 주목하는 화제의 브랜드이지만, 늘 그렇듯 원래 모습 그대로 그 자리에 있죠. 그저 편해서 신을 뿐인데 꽤나 감각적으로 보입니다. 컬래버레이션 한정판을 어렵게 구해서 아껴 신기도 하지만 고가의 명품 브랜드는 아니고, 브랜드에 관심이 없는 학생들도 어릴 적부터 운동할 때 신어온 운동화입니다.

평범하지만 특별하다는 건 어떤 걸까요? 보이지 않는 사람에게는 평범해 보이지만, 보이는 사람에게는 특별해 보인다는 의미입니다.

그런 브랜드를 살펴보는 건 언제나 흥미롭습니다.

대단한 마케팅 없이 조용히 사랑받는 브랜드가 되었기 때문입니다. 저는 그런 브랜드에 대해 이야기하는 걸 정말 좋아합니다. 모르는 사람에게는 보이지 않아서 평범하지만, 아는 사람 눈에는 그 특별함이 보이는 그런 브랜드 이야기를요.

아식스는 빈티지와 테크를 능숙하게 다루며 그 평범함과 특별함의 균형을 잘 유지합니다. 일본 고베의 본사를 심도 있게 취재한 〈B〉 아식스 편에는 그 흥미로운 이야기가 가득합니다. 무엇보다 아식스 신발에서 유명한 '카야노Kayano' 라인의 주인공인 디자이너 카야노 도시카즈Toshikazu Kayano와의 인터뷰가 인상적이었습니다. 그는 과학적이고 기능적으로 보이는 스포츠화에 아름다움을 불어넣기 위해 사람의 '인체'와 '근육의 움직임'을 상상하면서 디자인했다고 말합니다. 무심한 듯 평범해 보이는 러닝화의 이면에 새로운 기능과 퍼포먼스에 어울리는 아식스만의 감성을 투영하고자 했던 치열한 고민이 있었음을 엿볼 수 있는 대목입니다.

앞서 말했듯 저는 그 특별함을 알아채는 사람을 '보이는' 사람이라 부릅니다. 애쓰지 않아도 그 특별함이 보이는 사람입니다. 지금 이 글을 읽는 분들은 아마 '보이는' 사람일 겁니다. 그런 분은 얼핏 평범해 보여도 사실은 특별합니다. 그런 눈으로 세상을 살피면 평범함 속에 감춰진 특별함이 보일 겁니다. 또 보이는 사람끼리 만나 이야기를 나누다 보면 생각지 못한 뭔가를 만들어낼 기회가 생길지도 모릅니다.

완전한 균형

프라이탁
Freitag

저에게 잡지는 여러 가지 의미를 갖습니다. 뉴스나 소셜 미디어의 빠르고 짧은 호흡과 거기에서 비롯되는 아쉬움, 그리고 두꺼운 한 권의 책이 주는 느리고 긴 부담스러움을 메워주는 미디어는 잡지라고 늘 믿어왔기 때문입니다. 모르는 어떤 분야가 궁금할 때면 그에 관한 잡지를 몇 권이든 탐독하는 것이 저에게는 공부이자 신선한 휴식이었습니다.

하지만 오랜 기간 잡지를 대하면서 부족하게 느낀 부분도 있습니다.

첫 번째는 여러 기자들이 어떤 직업보다도 강도 높은 업무에 시달리며 매달 만들어내는 소중한 콘텐츠들이 시간이 지나 '과월호'가 되면 과거 속에 묻혀버린다는 겁니다. 늘 새로워야 하는 것이 잡지의 숙명이기에 이전에 게재한 좋은 글도 여간해서 다시 세상의 빛을 보기가 어려운 게 사실입니다.

 두 번째는 미디어가 갖고 있는 '광고'로서 속성입니다. 미디어에서 다루는 기사의 광고 효과가 높다 보니, 잡지의 모습이 변해가는 것입니다. 사실 잡지는 광고에 의존하지 않고는 수익을 내기 어렵습니다. 이는 대부분의 잡지 관련 종사자들이 공감하는 사실인 만큼 피할 수 없는 현실이기도 합니다.

 세 번째는 '관점'에 대한 오해입니다. 많은 잡지가 시류를 무시할 수 없고, 자의든 타의든 새로운 소식을 전하는 데 관심을 갖습니다. 그렇다 보니 자신만의 관점을 지니기보다는 비슷한 분야의 잡지들이 다루는 비슷한 내용을 싣기 십상입니다. 이로 인해 그걸 해당 잡지의 관점으로 오인하기도 하고, 오로지 새 소식을 위해 잡지를 '소비'해버리기 쉬운 것도 사실입니다.

저는 이런 고민을 거듭한 끝에 2011년 11월 매거진 〈B〉를 세상에 내놓았습니다. 앞서 이야기한 아쉬운 부분들의 대안이 되기에는 부족한 잡지이지만, 소수의 독자에게만이라도 과월호를 버리고 싶지 않고, 기꺼이 책 값을 지불하고, 다음 호가 기다려지길 바라는 마음이 컸습니다.

매거진〈B〉의 'B'에는 '브랜드Brand'와 '균형(Balance)'의 의미가 함축되어 있습니다. 이를 바탕으로 〈B〉는 우리가 정의하는 '균형 잡힌 브랜드'를 전 세계에서 찾아 한 호에 하나씩 소개해왔습니다.

매거진〈B〉를 준비하면서 끝까지 고민하고 검토한 것은 바로 '누가 읽는가'였습니다. 〈B〉는 브랜드 전문가를 위한 어려운 잡지가 아닙니다. 크고 작은 비즈니스를 구상하거나 브랜드를 소비하는 누구라도 읽을 수 있는 책입니다. 브랜드에 대한 감각을 익히고, 세상을 브랜드적 관점으로 보고, 새로운 트렌드를 접할 수 있도록 도와주는 진지하면서도 읽기 쉬운 잡지가 되었으면 했습니다. 어려운 전문 용어로 가득한 책보다 브랜드를 있는 그대로 보고 느끼는 것이 브랜드를 이해하는 진정한 방법이라고 생각했죠. 그래서 소비자의 이야기뿐만 아니라, 브랜드를 둘러싼 다양한 이해관계자와 브랜드 내부의 이야기를 입체적으로 취재해서 담으려 했습니다.

⟨B⟩의 창간호는 제가 오랫동안 완전한 브랜드라고 생각해온 '프라이탁'을 다뤘습니다. ⟨B⟩가 추구하는 '균형 잡힌 브랜드'를 설명하기에 더없이 좋은 사례였기 때문입니다. 많은 사람이 프라이탁을 "버려지는 방수포를 재활용해서 만드는 가방 브랜드"라고 설명할 겁니다. 그런데 '재활용'은 브랜드를 이루는 여러 요소 중 하나인 '생각과 의식'의 출발점에 불과합니다. 이런 아이디어는 생각보다 흔합니다.

사람들은 재활용이라는 콘셉트와 멋진 외형에 주

목하지만, 저는 프라이탁이 비즈니스를 실행해가는 과정을 보며 감동을 느낍니다. 가방으로서 완벽한 기능과 실용성, 패션으로서 아름다움, 그리고 치밀한 생산과 유통 시스템을 통해 완성되는 사업 전개는 단순히 환경 운동가가 재활용 장바구니를 권하는 차원을 훌쩍 넘어섭니다. 이상적인 제품을 안정적으로 만들기 위해 공장을 짓고, 기업 운영 체계를 정비해 전 세계로 유통하는 일은 결코 단순한 아이디어만으로는 닿을 수 없는 지점입니다.

도서와 미디어 시장을 둘러보면, 사실 매거진⟨B⟩의 아이디어도 대단한 건 아닙니다. 누구나 한 번쯤 떠올릴 수 있는 흔한 평범한 아이디어죠. 그러나 그걸 아름다운 디자인으로 빚어내고, 사람들이 공감할 이야기로 확장하고, 체계를 세워 지속 가능한 비즈니스 모델로 구축하려고 노력하는 과정이야말로 브랜드의 본질이라고 생각합니다. 이것이 제가 매거진⟨B⟩라는 브랜드 다큐멘터리를 통해 전하고 싶었던 '균형 잡힌 브랜드'

의 모습이었습니다.

이건 이 책의 처음을 열면서 제가 언급한 문제의식과도 맞닿아 있습니다. 브랜드는 단순히 상품이나 마케팅의 산물이 아닙니다. 인간의 욕망과 가치, 오늘날의 시대정신을 가장 뚜렷하게 비추는 새로운 인문학의 장입니다. 〈B〉가 그동안 기록해온 99개 브랜드 이야기 속에서 우리는 아이디어보다 과정, 순간보다 태도, 소비보다 의미를 발견할 수 있었습니다. 마지막 장을 덮는 지금, 그 마음으로 오늘의 평범한 일상을 다시 돌아봅니다.

도쿄 다이칸야마 T사이트 츠타야의 매거진〈B〉 코너 ©매거진〈B〉

무인양품 매장 모습 ©매거진⟨B⟩

DJI의 매빅 프로Mavic Pro. 매빅 시리즈는 DJI 최초의 접이식 드론이자,
DJI 모델 중 취미용 드론의 상징이다. ⓒ정우영

파타고니아의 철학을 엿볼 수 있는 "이 재킷을 사지 마세요(Don't buy this jacket)" 광고
© New York Times

뉴욕 첼시 위워크의 라운지 ©고윤지

미스터 포터의 물류 창고 ©잭 리Jack Lee

미니 3도어 해치백. 오리지널 미니를 가장 충실하게 재현한 모델로,
대중이 '미니' 하면 떠올리는 표준형 모델이다. ⓒ잭 리Jack Lee

고객이 직접 가져가서 조립하도록 하는 이케아의 플랫팩 포장 ⓒ장인범

카야노 도시카즈가 디자인한 러닝화 젤 카야노 14 Gel Kayano 14의 2008년 모델(좌)과
스포츠 스타일로 재해석한 2022년 모델(우) ©송시영

창간호를 발행하며 진행한 첫 인터뷰에서 당시 소장하고 있던 프라이탁을 촬영했다.

나가는 말

Epilogue

 매거진〈B〉를 오랫동안 눈여겨본 분들은 이미 짐작하셨을지도 모릅니다. 100번째 〈B〉의 주인공은 바로 브랜드로서 〈B〉입니다. 창간 당시 언젠가는 'B 로고가 두 번 찍힌 표지'를 만들겠다는 작은 바람을 품었고, 용감하게 그 100번째를 준비하고 있습니다.

 스스로를 돌아보는 100호 이후에도 〈B〉는 계속 전 세계의 브랜드를 탐구할 생각입니다. 초기의 〈B〉가 독창적 철학과 미학을 지닌 작은 브랜드를 다루는 데 주력했다면, 시간이 흐르면서 그 세계는 훨씬 넓어졌습니다. 유서 깊은 역사를 가진 브랜드부터 가장 앞선 기술을 다루는 브랜드, 그리고 미디어와 플랫폼, 장소와 도시를 넘나들며 〈B〉만의 고유한 다큐멘터리 형식을 발전시켜왔죠. 〈B〉는 세상의 그러한 브랜드에서 새로운 통찰을 발견하기 위해 애써왔고, 앞으로도 계속 브랜드를 아카이빙하는 미디어로서 역할을 이어가려 합니다.

아울러 우리는 다른 새 프로젝트를 구상하고 있습니다. 과거와 현재를 관찰하고 우리의 관점으로 그걸 편집하는 작업에 더해 미래에 벌어질 일을 그려보고 제안하는 새로운 미디어를 준비합니다. 관찰자이자 편집자이던 우리가 제안자이자 실험가로서 세상에 또 다른 한 발을 내딛으려 합니다.

지금 세상에 필요한 브랜드는 무엇일지 스스로 질문하고, 그 분야를 탐색하며, 능력 있는 동료들과 함께 가설을 세우고 모델을 만들어 볼 예정입니다. 그건 분야를 가리지 않는 다양한 가상의 프로젝트이자, 클라이언트가 없는 상상의 프로젝트입니다. AI 등의 기술이 발전하고,

소비자의 의식 수준이 높아진 시대에 '얼마나 잘 만들었는가'만큼 중요한 것은 '누가, 어떤 관점과 감각으로 만들었는가'입니다. 제이오에이치가 걸어오며 선보인 일호식, 에드백, 네스트호텔, 사운즈한남처럼 우리의 새로운 관점과 감각을 다양한 프로젝트로 차근차근 보여드리겠습니다.

중요한 것은 평범한 아이디어를 비범하게 이어가는 일입니다. 내일 세상을 바꾸지 못하더라도 오늘의 질문과 시도가 모이면 언젠가 길이 될 거라 믿습니다. 100번째 매거진〈B〉를 준비하며, 우리는 동시에 또 다른 시작을 꿈꿉니다. 우리의 관점으로, 우리의 감각으로. 그리고 여전히 균형을 잃지 않기 위해.

비범한 평범

매거진〈B〉조수용의 브랜드 이야기
THE EXTRAORDINARY
ORDINARY

●

2025년 11월 17일 초판 1쇄 발행
2025년 12월 5일 초판 4쇄 발행

지은이. 조수용
펴낸이. 김명수
편집. 박은성 김명수
디자인. 석윤이
교정·교열. 김한주

펴낸곳. B미디어컴퍼니
주소. 서울시 종로구 경희궁1길 32
전화. 02-540-7435
홈페이지. www.magazine-b.com
이메일. info@magazine-b.com

ISBN 979-11-93383-28-5 (03040)
Printed in Republic of Korea
©B Media Company, Suyong Joh, 2025